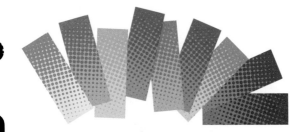

FICHES BAC

Français

SECONDE

► **Bertrand Darbeau**
Professeur agrégé de français

GW00598794

Notez bien !

L'achat de cet ouvrage vous permet de bénéficier, pendant un an, d'un **accès GRATUIT** à toutes les ressources d'annabac.com en français 2de : résumés audio, tests interactifs, sujets d'annales corrigés…

Pour profiter de cette offre, rendez-vous sur **www.annabac.com**, dans la rubrique « Vous avez acheté un ouvrage Hatier ? »

Édition : Anne Peeters • Conception maquette : Anne Gallet • Mise en page : Lasergraphie

SOMMAIRE

Cochez les fiches révisées.

LES TYPES DE TEXTES

▶ **Les textes peuvent avoir pour fonction de raconter, de décrire, d'informer, d'expliquer, de convaincre… On distingue ainsi quatre types de textes.**

1 Le texte narratif

Comme je m'arrêtais à regarder un Géant des Batailles, qui portait trois fleurs magnifiques, je vis, je vis distinctement, tout près de moi, la tige d'une de ces roses se plier, comme si une main invisible l'eût tordue, puis se casser comme si cette main l'eût cueillie !

(GUY DE MAUPASSANT, *Le Horla*, 1887)

Le texte narratif a pour fonction de raconter une suite de faits ou d'événements dans le temps. Il se caractérise par :
– la présence du **passé simple** (« je vis ») ou du **présent** ;
– l'emploi de **connecteurs temporels** (« puis ») ;
– l'importance des **verbes** et des **adverbes**, qui expriment l'action (« je vis distinctement », « se plier », « se casser »).

2 Le texte descriptif

La façade de la pension donne sur un jardinet, en sorte que la maison tombe à angle droit sur la rue Neuve-Sainte-Geneviève, où vous la voyez coupée dans sa profondeur. Le long de cette façade, entre la maison et le jardinet, règne un cailloutis en cuvette, large d'une toise, devant lequel est une allée sablée, bordée de géraniums, de lauriers-roses et de grenadiers plantés dans de grands vases en faïence bleue et blanche.

(HONORÉ DE BALZAC, *Le Père Goriot*, 1835)

Le texte descriptif a pour fonction de décrire un lieu, un objet ou une personne, en l'inscrivant dans l'espace. La description se caractérise par :
– l'emploi de **l'imparfait** ou du **présent** (« donne », « tombe », « règne ») ;
– la mention de **lieux précis** (« rue Neuve-Sainte-Geneviève ») et la présence de **connecteurs spatiaux** (« le long de », « entre », « devant ») ;
– l'usage de **verbes d'état** (« est ») ;
– l'importance des **substantifs** et des **adjectifs**, qui précisent l'apparence de l'objet décrit.

3 Le texte informatif ou explicatif

La vanille est du nombre de ces drogues dont on use beaucoup, et que l'on ne connaît qu'imparfaitement. On ne peut pas douter que ce ne soit une gousse, ou silique, qui renferme la graine d'une plante, et de là lui vient le nom espagnol de *vaynilla*, qui signifie petite graine ; mais on ne connaît ni le nombre des espèces, ni quelles sont les espèces les plus estimables de ce genre de plante.

(Louis de Jaucourt, *L'Encyclopédie*, article « Vanille », 1751-1772)

Ce type de texte a pour fonction de délivrer un savoir (discours informatif) ou de faire comprendre une idée (discours explicatif) au destinataire. Il se caractérise par :
– l'emploi d'un **présent de vérité générale** (« est », « use », « connaît »…) ;
– la présence de **mots de liaison** (« mais ») ;
– un **lexique spécialisé** (« gousse », « silique », étymologie) ;
– l'apparente **objectivité** du texte, dans lequel le locuteur n'apparaît que très rarement (pronom indéfini « on »).

4 Le texte argumentatif

Le réaliste, s'il est un artiste, cherchera, non pas à nous montrer la photographie banale de la vie, mais à nous en donner la vision plus complète, plus saisissante, plus probante que la réalité même.
Raconter tout serait impossible, car il faudrait alors un volume au moins par journée, pour énumérer les multitudes d'incidents insignifiants qui emplissent notre existence.

(Guy de Maupassant, « Le Roman », préface de *Pierre et Jean*, 1887)

Le texte argumentatif a pour fonction de convaincre ou de persuader le destinataire du bien-fondé de la thèse défendue par le locuteur. Il se caractérise par :
– un raisonnement structuré, fondé sur des **mots de liaison** (« mais », « car ») et proposant arguments et exemples ;
– la présence plus ou moins discrète du locuteur qui défend sa thèse ;
– l'usage de modes de raisonnement particuliers, tels que la **déduction** ou l'**induction** (→ fiche 39).

▶ **Pour déterminer quel est le type d'un texte, il faut donc préciser sa fonction en s'appuyant sur la façon dont il est écrit.**

▶ **L'énonciation est un acte de langage par lequel un locuteur (celui qui parle) adresse un énoncé à un destinataire. Étudier l'énonciation d'un texte, c'est définir la situation d'énonciation et déterminer quel est le degré d'implication du locuteur dans son énoncé.**

1 La situation d'énonciation

À madame de La Fayette

À Paris, le mardi 24 juillet 1657.

Vous savez, ma belle, qu'on ne se baigne pas tous les jours ; de sorte que pendant les trois jours que je n'ai pu me mettre dans la rivière, j'ai été à Livry, d'où je revins hier.

(MADAME DE SÉVIGNÉ, *Lettres*, 1657)

La situation d'énonciation de cette lettre est explicitée par un certain nombre d'indices :

– le **locuteur** est l'auteur de la lettre, Mme de Sévigné ; elle se désigne dans son propre énoncé par le pronom « je » ;

– le **destinataire** est Mme de La Fayette, désignée par le pronom « vous » et l'apostrophe « ma belle » ;

– le **lieu et le moment de l'énonciation** sont précisés par l'entête de la lettre, « À Paris, le mardi 24 juillet 1657 ».

2 Les marques de présence du locuteur

Pour déterminer le degré d'implication du locuteur dans l'énoncé, il faut chercher les différentes marques de la subjectivité :

– les **pronoms personnels** faisant référence au locuteur, comme *je* ou *nous*, ainsi que les **déterminants et pronoms possessifs** (*mon*, *le mien*) ;

– les **indicateurs spatiaux ou temporels** qui ne peuvent se comprendre que par rapport au locuteur lui-même : démonstratifs *ce* ou *cela*, adverbes comme *ici* et *maintenant* ;

– l'emploi du **présent d'énonciation**, qui montre que l'énoncé est lié au moment où le locuteur le prononce ;

– les **modalisateurs**, qui expriment la certitude ou le doute par rapport au contenu de son énoncé ; ils peuvent être des auxiliaires de mode (*devoir*, *sembler*…), des adverbes (*assurément*, *peut-être*…) ou certains emplois du conditionnel ;

– les **termes évaluatifs**, qui comportent des connotations péjoratives ou mélioratives ;
– une **ponctuation expressive**, en particulier l'exclamation.

3 L'énoncé lié à sa situation d'énonciation : le discours

Lorsque l'énoncé comporte un certain nombre de marques de la présence du locuteur et fait référence à la situation d'énonciation, on le désigne comme un **discours**. Ce type d'énoncé donne une impression de **subjectivité**.

> Considère, mon amour, jusqu'à quel excès tu as manqué de prévoyance. Ah ! malheureux ! tu as été trahi, et tu m'as trahie par des espérances trompeuses.
>
> (GUILLERAGUES, *Lettres portugaises*, 1669)

▶ Cet énoncé est ancré dans sa situation d'énonciation : la première personne (« mon », « me »), l'implication du destinataire (l'apostrophe, la deuxième personne), les termes évaluatifs et affectifs (« mon amour », « malheureux », « trompeuses »), l'exclamation montrent l'**implication du locuteur** et la subjectivité apparente de l'énoncé.

4 L'énoncé distinct de sa situation d'énonciation : le récit

Lorsque l'énoncé comporte peu de marques de présence du locuteur, voire pas du tout, et qu'il ne fait pas référence à sa situation d'énonciation, on le désigne comme un **récit**. Ce type d'énoncé donne une impression d'**objectivité**.

> On peut trouver des femmes qui n'ont jamais eu de galanterie ; mais il est rare d'en trouver qui n'en aient jamais eu qu'une.
>
> (FRANÇOIS DE LA ROCHEFOUCAULD, *Maximes*, 73, 1665-1678)

▶ Cette maxime de La Rochefoucauld est coupée de sa situation d'énonciation : le pronom indéfini « on », le présent de vérité générale, le tour impersonnel « il est rare de… » montrent l'**effacement du locuteur** et l'objectivité apparente de l'énoncé.

▶ **L'étude de l'énonciation permet de définir le degré de subjectivité d'un texte, en montrant comment le locuteur s'implique dans ce dernier, ou au contraire s'en efface.**

LES PAROLES RAPPORTÉES

▶ Un locuteur peut insérer dans son propre énoncé les paroles prononcées par quelqu'un d'autre : nous allons l'étudier grâce à l'extrait suivant.

> [...] Il met bas son fagot, il songe à son malheur.
> Quel plaisir a-t-il eu depuis qu'il est au monde ?
> En est-il un plus pauvre en la machine ronde ?
> Point de pain quelquefois, et jamais de repos.
> Sa femme, ses enfants, les soldats, les impôts,
>   Le créancier, et la corvée
> Lui font d'un malheureux la peinture achevée.
> Il appelle la Mort ; elle vient sans tarder,
>   Lui demande ce qu'il faut faire.
>   « C'est, dit-il, afin de m'aider
> À recharger ce bois ; tu ne tarderas guère. » [...]
>
> (JEAN DE LA FONTAINE, *Fables*, « La Mort et le Bûcheron », 1668-1694)

1 Le discours direct

• Le discours direct reproduit les propos qui ont été tenus tels qu'ils ont été prononcés : il conserve donc les **marques de l'énonciation** originelle (personne, temps, lieu) et la **forme des phrases** (déclaration, exclamation ou interrogation).
• Ces propos sont en général introduits par un **verbe de parole, de jugement ou de pensée**, qui peut prendre la forme d'une proposition incise à l'intérieur du discours rapporté. Ils sont isolés du reste de l'énoncé par l'usage de **guillemets**.
▶ « C'est, dit-il, afin de m'aider / À recharger ce bois ; tu ne tarderas guère » rapporte les paroles au discours direct.

2 Le discours indirect

• Le discours indirect rapporte les propos en les insérant dans l'énoncé, sous la forme d'une **proposition subordonnée** introduite par un verbe de parole, de jugement ou de pensée ; les guillemets disparaissent.
• Cette subordination entraîne un certain nombre de transformations dans les paroles rapportées :
– les **pronoms personnels** sont transposés en fonction de la personne du verbe introducteur (*Il a dit : « Je viendrai »* devient *Il a dit qu'il viendrait*) ;

– les **indices de lieu et de temps** sont coupés de la situation d'énonciation originelle (*demain* devient *le lendemain*) ;

– le verbe de la subordonnée doit suivre les règles de la **concordance des temps**, en fonction du verbe de la principale ;

– les **marques d'expressivité**, l'**exclamation** et les mots dont l'usage est réservé à la communication orale (comme *oui* ou *non*) disparaissent ; l'interrogation directe devient une **subordonnée interrogative indirecte**.

▶ « Lui demande ce qu'il faut faire » transposé au discours direct deviendrait « [La Mort] lui demande : "Que faut-il faire ?" »

3 Le discours indirect libre

Le discours indirect libre est un **système mixte**.

• Comme le discours indirect, il intègre les propos rapportés à l'énoncé, **sans guillemets** ; il **transforme les marques de la situation d'énonciation** (personnes, temps et lieux) et les **temps verbaux**.

• Comme le discours direct, il ne comporte **aucune subordination** et conserve les **marques d'expressivité** des propos.

• Ces emprunts aux deux systèmes rendent son **repérage difficile**, d'autant plus qu'il est fortement intégré à l'énoncé.

▶ Les pensées du bûcheron sont rapportées au discours indirect libre. Transposé au discours direct, ce passage donnerait « il songe à son malheur : "Quel plaisir ai-je eu depuis que je suis au monde ?" »

4 Le discours narrativisé

Le discours narrativisé ne rapporte pas les propos tenus, mais en **résume l'idée principale** sous la forme d'un verbe de parole, de pensée ou de jugement. Il est donc très allusif, et ne constitue pas à proprement parler une forme de discours rapporté.

▶ « Il appelle la Mort » rapporte de façon allusive les propos du bûcheron.

▶▶ **Il faut être capable de distinguer les différentes formes de paroles rapportées, mais aussi de les utiliser soi-même, notamment dans le cadre de l'écriture d'invention.**

LA VALEUR DES TEMPS ET DES MODES

▶ **Les modes verbaux traduisent la façon dont le locuteur envisage l'action que le verbe exprime ; les temps verbaux ont pour fonction de situer l'action dans une chronologie des événements.**

1 Les modes verbaux

A Trois modes personnels

• L'**indicatif** est le mode de la réalité ; il inscrit l'action dans une temporalité donnée comme réelle, passée, présente ou future.

• Le **subjonctif** est le mode du possible. Dans les propositions indépendantes ou principales, il exprime l'ordre (*Qu'il appelle demain !*), le souhait, l'indignation… Dans les propositions subordonnées, son usage est imposé par le sens du verbe de la principale.

• L'**impératif** est le mode de l'injonction ; il permet d'exprimer l'ordre, le souhait, la prière ou la recommandation.

B Deux modes impersonnels

• L'**infinitif** exprime le sens du verbe sans l'inscrire dans un processus temporel ; il constitue la forme nominale du verbe. On peut l'utiliser pour raconter un événement en se limitant aux faits, le plus sèchement possible : on parle alors d'un infinitif de narration (*Et Paul de courir à sa rencontre*).

• Le **participe** peut prendre différentes formes. Le participe passé donne l'action comme achevée et permet de qualifier un nom ou un pronom. Le participe présent caractérise lui aussi un nom, mais donne l'action comme en train de se dérouler. Enfin, le gérondif (*en* + participe présent) permet de préciser les circonstances de l'action principale.

2 Les temps verbaux

A Les temps simples

• Le **présent** peut avoir différentes valeurs. Le présent d'énonciation exprime une action qui se déroule au moment où l'on parle (*Je suis sûr que c'est lui*). Le présent de narration raconte des faits passés au présent, pour les rendre plus vivants ; le présent historique (*Les Parisiens prennent la*

Bastille le 14 juillet 1789) en est une variante. Le présent de vérité générale, que l'on trouve dans les maximes, les proverbes ou les lois scientifiques, permet d'exprimer une idée universelle, valable partout et tout le temps : *les hommes sont mortels*. Enfin, il arrive que le présent exprime un passé ou un futur proches.

• L'**imparfait** présente une action passée sans situer avec précision son commencement ou sa fin. Il exprime généralement une action inachevée, mais il peut aussi traduire une habitude ou une action répétée (imparfait itératif). Dans le récit, l'imparfait est le plus souvent réservé à la description et, par opposition au passé simple, aux actions de l'arrière-plan.

• Le **passé simple** présente une action passée et achevée ; par opposition à l'imparfait, il est le temps de la narration, et exprime des actions de premier plan.

• Le **futur**, par rapport au présent d'énonciation, permet d'exprimer une action encore à venir. Il a une valeur de certitude, qui peut aller jusqu'à la vérité générale (*Paris sera toujours Paris*) ; mais il peut aussi exprimer un ordre (*Tu rangeras ta chambre*) ou une recommandation.

• Le **conditionnel** traduit l'hypothèse ou la supposition. Dans le système de la concordance des temps, il permet aussi d'exprimer le futur par rapport à une action passée (*Il a dit qu'il viendrait le lendemain*). Employé comme modalisateur, il souligne le caractère incertain de l'énoncé (*Selon nos informations, le ministre s'apprêterait à démissionner*).

B Les temps composés

• Le **passé composé** exprime une action passée et achevée qui a des répercussions dans le présent ; à l'oral, il est utilisé comme substitut familier du passé simple.

• Le **plus-que-parfait**, le **passé antérieur** et le **futur antérieur** expriment une action achevée antérieure à une autre action, respectivement exprimée à n'importe quel temps du passé, au passé simple, ou au futur.

▶ **Distinguer les modes et les temps verbaux employés dans un texte permet de déterminer la façon dont le locuteur se situe par rapport à l'action.**

> Les liens logiques, parfois appelés « connecteurs », permettent d'expliciter les relations entre les différents éléments d'un texte argumentatif et d'organiser ce dernier.

1 L'addition et l'analogie

Elles permettent d'ajouter un argument ou un exemple, lorsqu'il va dans le même sens que les précédents.

coordination	subordination	prépositions	verbes et locutions
et, aussi, en outre, de plus, voire…	comme, ainsi que, de même que…	en plus de, outre, avec…	à cela s'ajoute que, cela évoque…

2 La disjonction

Elle sépare deux éléments ; elle permet par exemple la formulation de l'alternative, qui présente deux propositions concurrentes.

coordination	subordination	prépositions	verbes et locutions
ou, ni, soit… soit, d'une part… d'autre part…	soit que… soit que, non pas que… mais, sauf si…	sans, hormis, excepté…	cela exclut, cela n'est pas compatible avec…

3 La cause et l'hypothèse

La cause permet d'exprimer l'origine d'une idée ou d'un fait ; l'hypothèse explicite la condition à laquelle se vérifie l'idée, ou la supposition sur laquelle elle se fonde.

■ Cause

coordination	subordination	prépositions	verbes et locutions
car, en effet…	parce que, puisque, étant donné que, comme…	à cause de, en raison de, au nom de, par, grâce à…	cela résulte de, cela vient de…

coordination	subordination	prépositions	verbes et locutions
	si, selon que, à condition que…	en cas de, à condition de, sauf…	cela dépend de…

4 La conséquence et le but

La conséquence permet de préciser l'effet, la suite logique d'une idée ou d'un fait ; le but explicite la finalité d'une idée ou d'une action, sa visée et son objectif.

■ Conséquence

coordination	subordination	prépositions	verbes et locutions
donc, aussi, c'est pourquoi…	de sorte que, si bien que, au point que…	au point de, de peur de, de crainte de…	cela implique, cela provoque, cela cause…

■ But

coordination	subordination	prépositions	verbes et locutions
	afin que, de peur que, pour que…	pour, en vue de, afin de…	

5 L'opposition

Elle réfute une idée ou un fait en présentant sa contradiction ; ce lien introduit généralement un contre-argument.

coordination	subordination	prépositions	verbes et locutions
mais, or, néanmoins, cependant, en revanche…	alors que, tandis que, bien que, quoique, même si…	malgré, en dépit de, contre, loin de…	cela s'oppose à, cela contredit, cela interdit…

▶ Les liens logiques ne doivent pas seulement être analysés dans les textes argumentatifs : il faut aussi les utiliser à l'écrit, par exemple dans un paragraphe argumenté.

▶ Le sens d'un mot est une réalité complexe. En effet, un mot dit toujours plus que ce qu'il semble dire, notamment parce qu'il s'insère dans une série de champs (lexicaux, sémantiques) qui viennent élargir l'éventail de ses significations.

1 Les sens d'un mot

A Sens propre et sens figuré

• Le **sens propre** est généralement celui que donne l'étymologie.

• Le sens figuré apparaît ensuite, lorsque le mot est employé dans des contextes ou des domaines qui diffèrent de son sens initial.

• Un mot a donc plusieurs sens : on dit qu'il est **polysémique** ; l'ensemble de ses significations, propre et figurée, constitue son **champ sémantique**.

B Dénotation et connotation

• Un mot a un **sens dénoté** : c'est le sens donné par le dictionnaire, ce que le mot désigne, autrement dit sa signification objective. Ce sens dénoté varie au cours des siècles, s'atténue ou au contraire se renforce : par exemple, le mot *gêne* désignait au XVIIe siècle la « torture » (*la géhenne*) ; aujourd'hui, il ne signifie plus qu'une « difficulté », un « embarras ».

• Mais un mot a aussi un **sens connoté** : ce dernier englobe toutes les significations implicites que reçoit le mot, en fonction de la subjectivité de celui qui l'emploie, en fonction aussi des références ou des valeurs culturelles qui s'y attachent. Le mot *feu* peut ainsi connoter la passion (métaphore des *feux amoureux*) ou la mort (feu des guerres, incendie).

• Ainsi, les mots *voiture* et *bagnole* ont la même dénotation, mais ont des connotations différentes, relatives au niveau de langue. En revanche, les mots *bagnole* et *bouquin* ont les mêmes connotations (toujours sous l'angle du niveau de langue), alors qu'ils n'ont pas la même dénotation.

2 Le champ lexical

• Le **champ lexical** regroupe des mots se rapportant à un même domaine. Ces mots ne sont pas nécessairement de même nature grammaticale : ainsi, le champ lexical de la *peur* est constitué de noms tels que *frayeur* ou *angoisse*, d'adjectifs tels que *terrorisé* ou *inquiet*, de verbes tels que *terrifier* ou *craindre*... Le repérage des champs lexicaux est un bon moyen d'identifier le(s) thème(s) d'un texte.

• Le **champ lexical dérivationnel** relie des mots formés à partir du même radical, ou à partir du même préfixe ou du même suffixe. Ainsi, le champ lexical dérivationnel de *sembler* comprend des termes comme *ressembler*, *semblable*, *semblablement*, *dissemblable*...

3 Les relations sémantiques

Si les mots s'organisent en champs ou en grands ensembles, c'est parce qu'ils sont liés par diverses relations sémantiques.

• La **synonymie** est une relation d'identité sémantique ; deux mots sont synonymes lorsqu'ils ont une signification voisine, comme *voiture* et *automobile*.

• L'**hyperonymie** est une relation d'inclusion générique ; un mot est l'hyperonyme d'un autre lorsqu'il l'englobe dans une signification plus large (*chêne* a pour hyperonyme *arbre*, qui a lui-même pour hyperonyme *végétal*).

• L'**antonymie** est une relation d'opposition. On distingue plus précisément les antonymes complémentaires, par exemple *célibataire ≠ marié*, les antonymes réciproques, par exemple *donner ≠ recevoir*, et les antonymes contraires, par exemple *chaud ≠ froid* ou *grand ≠ petit*.

• L'**homonymie** rapproche deux mots se prononçant ou s'écrivant de la même façon (*porc* et *port* ; *air* et *ère*...), mais n'ayant pas le même sens dénoté.

▶ L'étude du lexique est un bon moyen de déterminer le thème d'un texte. En particulier, l'analyse des champs lexicaux est l'un des outils qui permettent de trouver les axes d'un commentaire.

LES FIGURES DE STYLE

▶ **Cette typologie de quelques figures de style vous aidera à les repérer dans les textes.**

1 Les figures d'analogie

• La **comparaison** consiste à rapprocher deux objets différents ayant un point commun, à l'aide d'un outil comparatif. *Elle* (= comparé) *est fraîche* (= fondement de la comparaison) *comme* (= outil comparatif) *une rose* (= comparant).

• La **métaphore** est une sorte de comparaison implicite : l'outil comparatif est le plus souvent absent et il arrive que le comparé (comme dans *manger son pain blanc*) ou le comparant (comme dans *ivre de bonheur*) soit absent. Lorsqu'elle est longuement développée, on parle de **métaphore filée**.

• L'**allégorie** est la représentation imagée d'une idée abstraite, sous la forme d'un tableau concret. L'allégorie de la justice est ainsi une femme qui a les yeux bandés (elle est impartiale) et qui porte une balance (elle juge) et un glaive (elle punit).

• La **personnification** attribue à un animal, un objet ou une abstraction les propriétés d'un être humain. *« Rome à ne vous plus voir m'a-t-elle condamnée ? »* (Racine)

2 Les figures de substitution

• La **périphrase** remplace un mot par une expression complexe. *Le compositeur des Noces de Figaro* pour *Mozart*.

• La **métonymie** désigne un élément par un autre élément ayant une relation logique avec le premier. *Un Zola*, pour *un roman écrit par Zola*.

• La **synecdoque** est une forme particulière de la métonymie, fondée sur un rapport d'inclusion : on désigne le tout par la partie. *« J'ignore le destin d'une tête si chère »* (Racine).

3 Les figures d'opposition

• L'**antithèse** consiste à rapprocher deux mots opposés. *« Je vous blâmais tantôt, je vous plains à présent »* (Corneille).

• L'**oxymore** est un cas particulier de l'antithèse, qui relie des termes opposés dans une même expression. *« Le soleil noir de la Mélancolie »* (Nerval).

• Le **chiasme** place dans l'ordre inverse les termes de deux groupes syntaxiques identiques. « *Après le dur labeur, le sommeil impossible* » (Hugo).

• L'**antiphrase** fait comprendre le contraire de ce que l'on dit explicitement ; le plus souvent, elle est utilisée dans le registre ironique. *Ne vous gênez pas !*

4 Les figures d'atténuation

• L'**euphémisme** nomme des réalités désagréables de manière neutre ou agréable. *Demandeur d'emploi* pour *chômeur*.

• La **litote** est un procédé par lequel on dit le moins pour faire entendre le plus. *Cela ne sent pas la rose !* pour *Cela sent très mauvais.*

5 Les figures de construction

• Le **parallélisme** est un type de répétition qui affecte la syntaxe. « *Tu me haïssais plus, je ne t'aimais pas moins* » (Racine).

• L'**ellipse** omet un terme normalement nécessaire à la construction de la phrase, sans que la compréhension en soit gênée. « *Mère décédée. Enterrement demain. Sentiments distingués* » (Camus).

6 Les figures d'insistance

• La **gradation** dispose les termes d'une énumération du plus faible au plus fort, ou du plus fort au plus faible. « *Quand on m'aura jeté, vieux flacon désolé / Décrépit, poudreux, sale, abject, visqueux, fêlé* » (Baudelaire).

• L'**hyperbole** est une exagération par laquelle on amplifie une idée. *Il est bête à pleurer.*

• L'**anaphore** est la répétition d'un mot ou d'une expression en début de vers. « *Rome, l'unique objet de mon ressentiment, / Rome, à qui vient ton bras d'immoler mon amant !* » (Corneille)

• L'**énumération** est une sorte de répétition où sont repris des termes proches par le sens. « *Lorsque le genre humain de gland se contentait, / Âne, cheval, et mule, aux forêts habitait* » (La Fontaine).

▶ **Repérer et identifier des figures de style ne suffit pas : il faut aussi les interpréter et analyser l'effet qu'elles produisent sur le lecteur.**

▶ **Le registre d'un texte désigne l'ensemble des éléments que l'auteur met en jeu pour faire naître une émotion ou une réaction chez le lecteur.**

■ Le registre comique

Il cherche à provoquer **le rire** du lecteur grâce à des procédés tels que l'ironie, la parodie, l'humour ou la caricature.

■ Le registre tragique

Il cherche à provoquer **la terreur et la pitié** du lecteur par le spectacle d'un destin voué à la mort ; il met en scène des personnages nobles aux prises avec des forces qui les dépassent, qu'il s'agisse de la fatalité ou de passions destructrices.

■ Le registre pathétique

Il cherche à provoquer **la tristesse et la compassion** du lecteur en décrivant les souffrances (*pathos* en grec) humaines. Il utilise pour cela des procédés tels que le champ lexical de la douleur et de la souffrance, les exclamations et interjections, les images violentes et les hyperboles.

■ Le registre dramatique

Il cherche à provoquer **la surprise et l'intérêt** du lecteur en instaurant une forme de suspens dans la narration ou la représentation d'événements : l'action se déroule sur un rythme très soutenu et multiplie les rebondissements.

■ Le registre fantastique

Il cherche à provoquer **la peur et l'angoisse** du lecteur en montrant l'intrusion d'un événement surnaturel dans un monde donné comme réel. Il repose sur l'hésitation du narrateur ou du personnage entre deux interprétations, l'une rationnelle et l'autre surnaturelle.

■ Le registre épique

Il cherche à provoquer **l'admiration** du lecteur en exaltant les exploits d'un héros, tout comme le genre antique de l'épopée narrait les hauts faits de personnage sublimes. Il utilise l'hyperbole, les gradations ou les superlatifs.

■ Le registre lyrique

Il cherche à provoquer l'**émotion** du lecteur en exprimant les sentiments et les états d'âme du locuteur. Il est donc marqué par l'omniprésence de la première personne et des champs lexicaux liés aux divers sentiments, mais il témoigne aussi d'une attention particulière à la musicalité des mots ; aussi est-il le plus souvent lié à la poésie.

■ Le registre oratoire

Il cherche à **impressionner** le lecteur pour le convaincre ou le persuader. Il se fonde sur différents procédés d'expression (emploi de la première personne, apostrophes, questions rhétoriques, répétitions, images marquantes, etc.) qui ont pour fonction d'accroître l'effet du discours sur le destinataire.

■ Le registre didactique

Il cherche à **enseigner** quelque chose au lecteur. Il se fonde sur un vocabulaire clair et précis, une structure rigoureuse soulignée par l'emploi de nombreux mots de liaison.

■ Le registre épidictique

Il cherche à provoquer l'**admiration ou le mépris** du lecteur par l'emploi des catégories de l'éloge et du blâme. Qu'il loue (éloge funèbre, ode, publicité) ou critique (réquisitoire, pamphlet, caricature), il vise à persuader le lecteur.

■ Le registre polémique

Il cherche à provoquer l'**indignation** du lecteur en dénonçant une situation ou une personne. Ce combat (*polemos* en grec) d'idées utilise l'hyperbole, un vocabulaire souvent péjoratif, des répétitions ou des questions rhétoriques.

■ Le registre satirique

Il cherche à provoquer le **rire moqueur** du lecteur par la dénonciation railleuse des défauts et des vices d'une époque, d'une classe sociale ou d'un individu. Il emploie pour cela l'ironie, le sarcasme ou l'invective.

▶ Pour déterminer le registre d'un texte, il faut donc identifier l'effet qu'il cherche à provoquer sur son lecteur et les procédés qu'il emploie à cet effet.

BILAN EXPRESS
LES OUTILS DE L'ANALYSE LITTÉRAIRE

Les outils de l'analyse littéraire jouent un rôle important dans l'explication de texte et le commentaire. Prenons par exemple ce célèbre extrait d'*Au Bonheur des Dames*.

À l'intérieur, sous le flamboiement des becs de gaz, qui, brûlant dans le crépuscule, avaient éclairé les secousses suprêmes de la vente, c'était comme un champ de bataille encore chaud du massacre des tissus. Les vendeurs, harassés de fatigue, campaient parmi la débâcle de leurs casiers et de leurs comptoirs, que paraissait avoir saccagés le souffle furieux d'un ouragan. On longeait avec peine les galeries du rez-de-chaussée, obstruées par la débandade des chaises ; il fallait enjamber, à la ganterie, une barricade de cartons, entassés autour de Mignot ; aux lainages, on ne passait plus du tout, Liénard sommeillait au-dessus d'une mer de pièces, où des piles restées debout, à moitié détruites, semblaient des maisons dont un fleuve débordé charrie les ruines ; et, plus loin, le blanc avait neigé à terre, on butait contre des banquises de serviettes, on marchait sur les flocons légers des mouchoirs. Mêmes ravages en haut, dans les rayons de l'entresol : les fourrures jonchaient les parquets, les confections s'amoncelaient comme des capotes de soldats mis hors de combat, les dentelles et la lingerie, dépliées, froissées, jetées au hasard, faisaient songer à un peuple de femmes qui se serait déshabillé là, dans le désordre d'un coup de désir ; tandis que, en bas, au fond de la maison, le service du départ, en pleine activité, dégorgeait toujours les paquets dont il éclatait et qu'emportaient les voitures, dernier branle de la machine surchauffée. Mais, à la soie surtout, les clientes s'étaient ruées en masse ; là, elles avaient fait place nette ; on y passait librement, le hall restait nu, tout le colossal approvisionnement du Paris-Bonheur venait d'être déchiqueté, balayé, comme sous un vol de sauterelles dévorantes.

(ÉMILE ZOLA, *Au Bonheur des Dames*, 1883)

▶ Le type de texte

Il s'agit ici d'un texte descriptif : Zola transforme le décor de ce grand magasin en un véritable tableau, qu'il livre à la contemplation du lecteur.

La valeur du temps verbal

Pour cela, il utilise l'imparfait de description : par opposition
au passé simple du récit, ce temps fige la scène dans une sorte
d'éternité. Après la furie commerciale, le temps semble s'être
arrêté dans ce paysage de désolation.

Le lexique

L'étude des champs lexicaux permet de mieux comprendre
le projet de Zola : à côté du vocabulaire propre à l'univers
du grand magasin (« vente », « tissus », « vendeurs », « comptoirs », « ganterie »…), on trouve un champ lexical de la
« débâcle » militaire beaucoup plus surprenant (« champ de
bataille », « massacre », « saccagés », « barricade »…).

Les figures de style

• De nombreuses images viennent mettre en rapport ces deux
réalités *a priori* éloignées : on peut par exemple relever les
comparaisons « comme des capotes de soldats mis hors de
combat » et « semblaient des maisons ». On remarque aussi
la présence d'une métaphore filée qui compare le passage des
clientes à une catastrophe naturelle, « souffle furieux d'un
ouragan » ou « mer de pièces » déchaînée.
• L'ensemble du texte contient des figures d'insistance :
l'accumulation et les énumérations permettent de traduire le
désordre qui règne dans le magasin. Les longues phrases, aux
nombreuses virgules, miment le flot incessant des clientes.
Les hyperboles exagèrent l'état des lieux (« harassés de
fatigue », « le colossal approvisionnement », « déchiqueté »…)
pour mieux traduire l'impression que provoque un grand
magasin après une grosse journée de vente.

Le registre

Ainsi, Zola utilise le registre épique et transforme le grand
magasin en « champ de bataille » des temps modernes : les
héros de la société capitaliste ne sont plus les guerriers cou-
rageux et invincibles, mais les vendeurs et les clientes.

LE ROMAN ET LA NOUVELLE AU XIXᵉ SIÈCLE

> ▶ Pourquoi, parmi tous les genres narratifs, s'intéresser spécifiquement au roman et à la nouvelle ? Et pourquoi étudier en particulier les récits du xixᵉ siècle ?

1 Des genres divers

• Depuis l'épopée antique, les genres narratifs n'ont cessé de se multiplier. Aux récits héroïques rapportant les exploits de guerriers valeureux, telle *L'Iliade* d'Homère, ont succédé les **chansons de geste** et les **fabliaux** du Moyen Âge, les **contes** et les **fables** de l'époque moderne, ou encore les **biographies** et **autobiographies** qui se développent particulièrement à l'âge romantique.

• Mais les genres narratifs par excellence restent le **roman** et la **nouvelle**. Définis comme des récits de fiction écrits en prose, ils se distinguent l'un de l'autre par leur longueur : finalement, la nouvelle n'est rien d'autre qu'un petit roman.

• Les frontières génériques ne sont pas toujours faciles à trancher ; ainsi, *Un cœur simple* de Flaubert, publié en 1877 dans un recueil intitulé *Trois contes*, est-il un petit roman, une longue nouvelle, ou bien un conte réaliste ? Plutôt que d'artificiellement séparer le roman et la nouvelle, nous tenterons de voir quels sont leurs points communs et les techniques narratives qu'ils partagent.

2 Des techniques variées

Il s'agit donc de déterminer les spécificités du récit littéraire en se posant différentes questions, celles-là mêmes que se pose le romancier ou le nouvelliste en composant son œuvre.

• D'abord, comment commence-t-on une histoire ? Quelles relations faut-il instaurer avec son lecteur ? C'est tout l'enjeu de l'**incipit**, que nous aborderons dans la fiche 11.

• Mais aussi, comment construire l'histoire dans son ensemble ? Quels modèles peut-on suivre pour enchaîner les événements que l'on veut raconter ? Tel est l'objet de la fiche 12, consacrée à la **construction de l'intrigue**.

• Comment le récit s'inscrit-il dans le temps ? À quelle vitesse raconte-t-on l'histoire ? Tout peut-il être raconté, ou peut-on passer sous silence certains événements ? C'est la fiche 13 qui répondra à ces questions : elle porte sur le **temps de la narration**.

• En outre, quel point de vue adopter pour raconter cette histoire ? Choisit-on d'épouser le regard d'un personnage, ou privilégie-t-on une vue surplombante ? La fiche 14 sera ainsi consacrée aux questions de **focalisation**.

• Enfin, quelle place faut-il accorder à la présentation des lieux ou des personnages ? Quel est l'intérêt de couper le fil du récit et de proposer à ses lecteurs de longues pauses descriptives, parfois perçues comme ennuyeuses ? C'est donc de la **description** que traitera la fiche 15.

3 Un âge d'or : le XIXᵉ siècle

• Mais pourquoi le XIXᵉ siècle ? Le roman et la nouvelle ne datent pas de cette époque, loin de là : le premier est né au Moyen Âge (voir par exemple *Le Roman de Renart*, dont le titre indique clairement le genre), et n'a cessé depuis d'occuper l'espace littéraire. Quant à la nouvelle, elle s'est développée au XVIᵉ siècle et reste, aujourd'hui encore, l'un des genres narratifs les plus pratiqués.

• Cependant, le roman et la nouvelle ont longtemps été considérés comme des genres mineurs, qui n'avaient pas la dignité des grands genres tels que la tragédie ou l'épopée. Il faut attendre le XIXᵉ siècle pour les voir triompher : le **réalisme** (→ fiche 16) et après lui le **naturalisme** (→ fiche 17) en font leurs outils privilégiés pour représenter la réalité sociale. Exploitant toutes les ressources offertes par l'art du récit, ils donnent au roman et à la nouvelle leurs lettres de noblesse. Nous verrons donc quelles sont les principales caractéristiques de ces deux mouvements littéraires, et la façon dont ils ont fait évoluer ces deux grands genres narratifs.

> Le mot latin *incipit* (du verbe *incipere*, « commencer »), désigne le début d'un récit.

1 Les formes de l'incipit

En fonction de la façon dont il distribue les informations et du rythme dans lequel il installe l'action, on distingue quatre types d'incipit.

• L'incipit **statique** présente de façon très détaillée le cadre du récit, sous la forme d'une description ; l'action n'a pas encore commencé, le lecteur est dans une position d'attente, comme dans l'incipit des *Illusions perdues* :

> À l'époque où commence cette histoire, la presse de Stanhope et les rouleaux à distribuer l'encre ne fonctionnaient pas encore dans les petites imprimeries de province. Malgré la spécialité qui la met en rapport avec la typographie parisienne, Angoulême se servait toujours des presses en bois, auxquelles la langue est redevable du mot *faire gémir la presse*, maintenant sans application.
>
> (HONORÉ DE BALZAC, *Illusions perdues*, 1837-1843)

• L'incipit **progressif** donne les informations nécessaires sur le cadre et les personnages de façon graduelle, sans tout dévoiler, comme les premières lignes de *Germinal* :

> Dans la plaine rase, sous la nuit sans étoiles, d'une obscurité et d'une épaisseur d'encre, un homme suivait seul la grande route de Marchiennes à Montsou, dix kilomètres de pavé coupant tout droit, à travers les champs de betteraves. Devant lui, il ne voyait même pas le sol noir, et il n'avait la sensation de l'immense horizon plat que par les souffles du vent de mars, des rafales larges comme sur une mer, glacées d'avoir balayé des lieues de marais et de terres nues.
>
> (ÉMILE ZOLA, *Germinal*, 1885)

• L'incipit **dynamique** ou *in medias res* (« au milieu de l'action » en latin) jette le lecteur au beau milieu d'une histoire qui a déjà commencé, sans présenter d'abord les lieux, l'époque ou les personnages ; c'est le cas de l'incipit de *Madame Bovary* :

> Nous étions à l'Étude, quand le Proviseur entra, suivi d'un *nouveau* habillé en bourgeois et d'un garçon de classe qui portait un grand

pupitre. Ceux qui dormaient se réveillèrent, et chacun se leva comme surpris dans son travail.

Le Proviseur nous fit signe de nous rasseoir ; puis, se tournant vers le maître d'études :

– Monsieur Roger, lui dit-il à demi-voix, voici un élève que je vous recommande, il entre en cinquième.

(GUSTAVE FLAUBERT, *Madame Bovary*, 1857)

• L'incipit **suspensif** ne donne aucune information, mais n'introduit pas non plus l'action ; il déconcerte le lecteur en mettant en question les procédés traditionnels du roman, comme le début de *Jacques le Fataliste*, dialogue imaginaire entre le lecteur et le romancier :

Comment s'étaient-ils rencontrés ? Par hasard, comme tout le monde. Comment s'appelaient-ils ? Que vous importe ? D'où venaient-ils ? Du lieu le plus prochain. Où allaient-ils ? Est-ce que l'on sait où l'on va ?

(DENIS DIDEROT, *Jacques le Fataliste et son maître*, 1796)

2 Les fonctions de l'incipit

• Il crée le **monde de la fiction** en donnant des informations sur le lieu et l'époque de l'action, mais aussi le milieu social des personnages ou leur situation ; il répond donc aux questions essentielles (qui ? quand ? où ? etc.).

• Il provoque la **curiosité du lecteur** pour lui donner l'envie de poursuivre sa lecture. Dans ce but, l'incipit ménage une part de mystère et tente de ne pas tout dire, comme Zola dans l'incipit de *Germinal*.

• Il noue un **pacte de lecture** pour donner au lecteur les informations principales concernant le genre et le registre du roman, son mode de narration, ou encore la focalisation adoptée ; les premières lignes des *Illusions perdues* nouent ainsi un pacte réaliste avec le lecteur.

▶ **L'incipit est un moment particulièrement important dans la mesure où il doit permettre au lecteur de passer du monde réel dans lequel il vit au monde fictif dans lequel évoluent les personnages.**

LA CONSTRUCTION DE L'INTRIGUE

▶ On appelle « **intrigue** » l'organisation des événements qui constituent l'action du récit ; linéaire et chronologique dans les textes brefs, elle se complique dans les récits plus longs.

1 L'intrigue unique

Les récits courts sont généralement constitués d'une intrigue unique, à l'organisation relativement simple. Pour résumer cette intrigue simple, on recourt au **schéma narratif**, qui rend compte du déroulement de l'action dans le temps et de son organisation logique en cinq étapes.

• La **situation initiale** correspond au début du récit ; le plus souvent exposée dans l'incipit, elle définit le cadre de l'intrigue et la situation des personnages avant que l'action ne commence.

• La **complication**, ou **élément perturbateur**, bouleverse la situation initiale et marque le début de l'action proprement dite.

• Les **péripéties** forment la partie la plus importante de l'intrigue et fondent la dynamique de l'action ; elles sont constituées d'une succession d'événements qui, parfois, modifient considérablement la situation des personnages (on parle alors de rebondissement).

• La **résolution**, ou **élément équilibrant**, marque le terme de l'action ; un dernier événement met fin à l'intrigue, en résolvant le problème né de la complication.

• La **situation finale** caractérise la situation des personnages à la fin de l'intrigue.

2 L'intrigue complexe

L'action, dans les romans et les récits longs, ne se limite pas à une seule intrigue. Le plus souvent, plusieurs séquences narratives se combinent : il existe trois manières de les assembler.

• L'**enchaînement** permet aux séquences de se succéder selon l'ordre chronologique ; d'une certaine manière, la situation finale d'une séquence devient la situation initiale de la suivante. C'est le cas dans cet extrait, où la fin d'un entretien privé entre M. de Clèves et sa femme est suivie par le mariage de Madame, la sœur du roi, et du duc d'Albe :

M. de Clèves s'attendrit en prononçant ces dernières paroles et eut peine à les achever. Sa femme en fut pénétrée et, fondant en larmes, elle l'embrassa avec une tendresse et une douleur qui le mit dans un état peu différent du sien. Ils demeurèrent quelque temps sans se rien dire et se séparèrent sans avoir la force de se parler.

Les préparatifs pour le mariage de Madame étaient achevés. Le duc d'Albe arriva pour l'épouser.

(MADAME DE LA FAYETTE, *La Princesse de Clèves*, 1678)

• Le **développement simultané** permet de développer deux séquences en même temps ; les deux séquences concernent des personnages différents, pris au même moment, mais dans deux endroits différents, comme dans cet extrait où la simultanéité est soulignée par l'expression « la même après-midi, au même moment » :

La pendule sonna trois heures. Elle écouta les vibrations du timbre mourir. Et elle restait au bord de son fauteuil, les prunelles fixes, et souriant toujours.

La même après-midi, au même moment, Frédéric et Mlle Louise se promenaient dans le jardin que M. Roque possédait au bout de l'île.

(GUSTAVE FLAUBERT, *L'Éducation sentimentale*, 1869)

• L'**enchâssement** permet d'introduire une séquence à l'intérieur d'une autre séquence ; un personnage de la séquence cadre devient le narrateur de la séquence enchâssée, comme dans cet extrait :

Alors, comme quelqu'un qui cherche à se rappeler diverses circonstances, après avoir appuyé quelque temps ses mains sur son front, voici ce que ce vieillard me raconta.

En 1726 un jeune homme de Normandie, appelé M. de la Tour, après avoir sollicité en vain du service en France et des secours dans sa famille, se détermina à venir dans cette île pour y chercher fortune.

(JACQUES-HENRI BERNARDIN DE SAINT-PIERRE, *Paul et Virginie*, 1788)

▶ **Que l'intrigue soit simple ou complexe, il est intéressant de la résumer pour voir la façon dont l'action est construite par l'auteur.**

LE TEMPS DE LA NARRATION

➤ **Le temps de la narration est distinct du temps de l'histoire :** il désigne le moment où le narrateur raconte les événements, l'ordre dans lequel il les rapporte et le rythme qu'il adopte pour les raconter.

1 Le moment de la narration

• Dans la **narration ultérieure,** le narrateur se situe après les événements ; le récit emploie donc les temps du passé (en particulier le passé simple et l'imparfait).
• Dans la **narration simultanée,** il se situe au moment même où les événements se déroulent ; le récit emploie alors le présent.
• Dans la **narration antérieure,** il se situe avant que les événements ne se produisent ; ce procédé, rare et généralement circonscrit à un bref passage d'un récit, relève d'une forme d'anticipation (rêve, prophétie) ; le récit emploie alors le futur.

2 L'ordre de la narration

Il arrive que le narrateur fasse une **anachronie,** autrement dit qu'il rompe l'ordre chronologique.
• L'**analepse** opère un **retour en arrière** et évoque un événement antérieur à ce qu'on est en train de raconter, par exemple lorsqu'un personnage se souvient de son passé :

> Ils allaient côte à côte, elle appuyée sur son bras, et les volants de sa robe lui battaient contre les jambes. Alors, il se rappela un crépuscule d'hiver, où, sur le même trottoir, Mme Arnoux marchait ainsi à ses côtés.
>
> (GUSTAVE FLAUBERT, *L'Éducation sentimentale*, 1869)

• La **prolepse** opère une **anticipation** et évoque un événement devant se produire après ce qu'on est en train de raconter, par exemple lorsque le narrateur annonce une péripétie future :

> Quant à un chagrin aussi profond que celui de ma mère, je devais le connaître un jour, on le verra dans la suite de ce récit, mais ce n'était pas maintenant, ni ainsi que je me le figurais.
>
> (MARCEL PROUST, *Sodome et Gomorrhe*, 1922)

3 Le rythme de la narration

Le narrateur ne peut jamais tout raconter. Il rapporte donc en détail des événements précis, en résume brièvement d'autres, voire en passe certains sous silence.

• Dans la **pause**, le narrateur interrompt l'écoulement du temps de l'histoire et décrit un lieu, un personnage, ou fait un commentaire :

> Ils venaient de s'arrêter aux deux tiers de la montée, à un endroit renommé pour la vue, où l'on conduit tous les voyageurs.
> On dominait l'immense vallée, longue et large, que le fleuve clair parcourait d'un bout à l'autre, avec de grandes ondulations.
>
> (GUY DE MAUPASSANT, *Bel-Ami*, 1885)

• Dans la **scène**, le narrateur développe un temps fort de l'histoire ; le temps de la narration correspond à peu près au temps de l'histoire :

> Le prêtre se releva pour prendre le crucifix ; alors elle allongea le cou comme quelqu'un qui a soif, et, collant ses lèvres sur le corps de l'Homme-Dieu, elle y déposa de toute sa force expirante le plus grand baiser d'amour qu'elle eût jamais donné. Ensuite il récita le *Misereatur* et l'*Indulgentiam* […].
>
> (GUSTAVE FLAUBERT, *Madame Bovary*, 1857)

• Dans le **sommaire**, le narrateur résume brièvement une période sans véritable importance ; le sommaire sert souvent de transition entre deux scènes :

> Nous glissons sur dix années de progrès et de bonheur, de 1800 à 1810 ; Fabrice passa les premières au château de Grianta, donnant et recevant force coups de poing au milieu des petits paysans du village, et n'apprenant rien, pas même à lire.
>
> (STENDHAL, *La Chartreuse de Parme*, 1839)

• Dans l'**ellipse**, le narrateur passe sous silence une partie des événements :

> Trois mois après, une nouvelle possibilité de changement s'annonça dans la situation d'Ellénore.
>
> (BENJAMIN CONSTANT, *Adolphe*, 1816)

▶ **L'étude du temps de la narration permet d'apprécier l'art du romancier et la façon dont il transforme le temps linéaire et régulier de l'histoire en un récit dynamique, à l'ordre et au rythme variés.**

LA FOCALISATION

➤ La focalisation désigne le point de vue qu'adopte le narrateur pour raconter son histoire, et à partir duquel les éléments du récit sont décrits et racontés.

1 La focalisation externe

> Vers la fin de l'année 1612, par une froide matinée de décembre, un jeune homme dont le vêtement était de très mince apparence, se promenait devant la porte d'une maison située rue des Grands-Augustins, à Paris.
>
> (HONORÉ DE BALZAC, *Le Chef-d'œuvre inconnu*, 1831)

• Dans la focalisation externe, le narrateur adopte le point de vue d'un **observateur extérieur**, qui se limite à ce qu'il voit ou entend : il n'a donc pas accès aux pensées ou aux sentiments des personnages, et se limite aux **apparences** extérieures.

• C'est bien le cas dans cet extrait du *Chef-d'œuvre inconnu* : le narrateur ne précise que des données objectives (la date, le lieu, les vêtements du personnage), sans préciser le nom du « jeune homme », ni ses pensées, ses intentions ou ce qui l'amène « rue des Grands-Augustins ».

2 La focalisation interne

> Lucien leva les yeux et vit une grande maison, moins mesquine que celles devant lesquelles le régiment avait passé jusque-là ; au milieu d'un grand mur blanc, il y avait une persienne peinte en vert perroquet. « Quel choix de couleurs voyantes ont ces marauds de provinciaux ! »
> Lucien se complaisait dans cette idée peu polie lorsqu'il vit la persienne vert perroquet s'entr'ouvrir un peu ; c'était une jeune femme blonde qui avait des cheveux magnifiques et l'air dédaigneux […].
>
> (STENDHAL, *Lucien Leuwen*, 1835)

• Dans la focalisation interne, le narrateur adopte le **point de vue d'un personnage** : le lecteur découvre alors l'univers du récit, les lieux, les objets, les autres personnages ainsi que les événements, à travers la conscience, les pensées et les sensations du personnage choisi comme foyer de perception.

• C'est effectivement le cas dans cet extrait de *Lucien Leuwen*, où les éléments qui environnent le personnage sont l'objet de son jugement (« mesquine », « ces marauds de provinciaux »,

« magnifique », « l'air dédaigneux »). Le champ lexical du regard explicite le fait que la scène soit vue à travers les perceptions de Lucien.

3 La focalisation zéro

Surprise de voir ces deux prétendus ennemis les mains entrelacées et de les trouver en si bon accord, Francine restait muette, sans oser se demander si, chez sa maîtresse, c'était de la perfidie ou de l'amour.

Grâce au silence et à l'obscurité de la nuit, le marquis ne put remarquer l'agitation de Mlle de Verneuil à mesure qu'elle approchait de Fougères. Les faibles teintes du crépuscule permirent d'apercevoir dans le lointain le clocher de Saint-Léonard. En ce moment Marie se dit : « Je vais mourir ! » À la première montagne, les deux amants eurent à la fois la même pensée, ils descendirent de voiture et gravirent à pied la colline, comme en souvenir de leur première rencontre.

(HONORÉ DE BALZAC, *Les Chouans*, 1829)

• Dans la focalisation zéro, le narrateur est **omniscient** : il voit tout, sait tout, et connaît les pensées de tous les personnages, au même moment et à différents endroits du monde. C'est le **point de vue le moins limité**, car il permet au lecteur de tout connaître. La focalisation zéro est ainsi rapprochée, par métaphore, du **regard de Dieu**.

• Cet extrait des *Chouans* est bien écrit en focalisation zéro, puisque le narrateur livre au lecteur les pensées de Francine, de Marie et de son amant, en précisant que ceux-ci « eurent à la fois la même pensée » : le narrateur est omniscient, puisqu'il peut lire dans les pensées de tous les personnages.

▶ **La focalisation permet des jeux subtils : en regardant le monde avec les yeux d'un personnage ou en adoptant un regard surplombant, en restreignant le champ de vision ou en l'élargissant, le romancier varie les points de vue.**

LA DESCRIPTION

> **Dans un récit, la description interrompt le déroulement des événements pour présenter un lieu, un objet ou un personnage. Prenons par exemple ce texte de Zola.**

Mais Claude était monté debout sur le banc, d'enthousiasme. Il força son compagnon à admirer le jour se levant sur les légumes. C'était une mer. Elle s'étendait de la pointe Saint-Eustache à la rue des Halles, entre les deux groupes de pavillons. Et, aux deux bouts, dans les deux carrefours, le flot grandissait encore, les légumes submergeaient les pavés. Le jour se levait lentement, d'un gris très doux, lavant toutes choses d'une teinte claire d'aquarelle. Ces tas moutonnants comme des flots pressés, ce fleuve de verdure qui semblait couler dans l'encaissement de la chaussée, pareil à la débâcle des pluies d'automne, prenaient des ombres délicates et perlées, des violets attendris, des roses teintés de lait, des verts noyés dans des jaunes, toutes les pâleurs qui font du ciel une soie changeante au lever du soleil […].

(ÉMILE ZOLA, *Le Ventre de Paris*, 1873)

1 Les indices de la description

Dans un récit, les passages de description sont identifiables à un certain nombre d'indices.

• Les **verbes de perception** (notamment de vue) introduisent la description et la lient à la narration ; ici, l'infinitif « admirer » joue ce rôle.

• Le **vocabulaire concret** qualifie l'objet, le lieu ou le personnage décrit, notamment par les adjectifs et noms de couleurs, ici très nombreux.

• Les **présentatifs** (*c'est*, *il y a*, *voici*, *voilà*) et les **verbes d'état** (*être*, *paraître*, *sembler*, *demeurer*, etc.) introduisent les éléments descriptifs.

• Les **indices spatiaux** inscrivent les lieux et les objets décrits dans l'espace, comme ici « la pointe Saint-Eustache », « la rue des Halles ».

• Certaines **figures de style** sont souvent utilisées dans des descriptions, en particulier les **comparaisons** et les **métaphores** (la « mer » de légumes), ou l'**énumération** qui liste les éléments caractéristiques de l'objet ou du lieu décrits.

• Le **temps verbal** de la description est le présent lorsque la narration est au présent, et l'imparfait lorsque la narration est au passé simple.

2 Les formes de la description

On peut décrire un **lieu**, un **objet** ou un **personnage** (dans ce dernier cas, on parle d'un **portrait**). Selon son objet et ses modalités, la description prend différentes formes.

• Un portrait peut être **physique** ou **moral**. Il est **statique** si le personnage est décrit à l'arrêt, ou **en action** s'il est décrit en mouvement.

• Une description donne une **vue d'ensemble** et une impression générale, ou s'attache aux **détails**. Elle est **subjective** lorsqu'elle est faite à travers les yeux d'un personnage, ou **objective** lorsqu'elle est faite selon un point de vue extérieur. Ici, on voit par les yeux enthousiastes de Claude, ce qui explique les connotations positives de la description.

3 Les fonctions de la description

• La fonction **documentaire** renseigne sur un lieu, un objet ou un personnage ; la description de Zola permet ainsi de découvrir le monde des Halles.

• La fonction **réaliste** renforce la vraisemblance du récit grâce aux effets de réel.

• La fonction **narrative** donne au lecteur des informations nécessaires à la bonne compréhension de l'intrigue.

• La fonction **symbolique** évoque, au-delà de l'objet, du lieu ou du personnage qu'elle décrit, une idée, un thème voire un type ; c'est particulièrement le cas lorsqu'elle multiplie métaphores et comparaisons, comme le texte de Zola qui transforme les Halles en tableau.

• La fonction **argumentative** entre dans le cadre d'une démonstration, comme preuve ou exemple.

▶ **La description, qui permet de présenter un lieu ou un personnage, n'est pas seulement utilitaire : elle comporte une dimension esthétique évidente et mérite à ce titre autant de considération que la narration.**

LE RÉCIT RÉALISTE

> ▶ Dès les premiers récits de l'Antiquité, les écrivains ont cherché à produire des fictions vraisemblables. Mais ce n'est qu'avec les grands cycles romanesques du xixᵉ siècle que le réalisme devient un véritable mouvement littéraire, dont l'enjeu est de représenter la réalité dans ses moindres détails.

1 Le mouvement réaliste

A Stendhal et Balzac : les précurseurs

• Stendhal représente la **décevante réalité** de son époque, comme l'indique la célèbre formule mise en exergue dans *Le Rouge et le Noir* : la fiction romanesque a pour mission de dévoiler « la vérité, l'âpre vérité ».

• Balzac invente, avec sa *Comédie humaine*, le **roman total**, avec l'ambition démesurée de représenter l'intégralité de la société.

B Le réalisme, de la peinture à la littérature

• Par la suite, le mot « **réalisme** » apparaît, de façon péjorative, pour définir un nouveau **courant pictural** constitué autour de Gustave Courbet.

• Puis Champfleury et Duranty le revendiquent pour la littérature en prônant l'**objectivité romanesque** et sa **vertu didactique**.

• Le réalisme n'a cependant qu'une importance limitée comme courant littéraire : même Flaubert, son supposé chef de file, ne se considérait pas comme réaliste.

2 L'esthétique réaliste

• Pour observer la réalité telle qu'elle est, le **roman** est le meilleur outil d'investigation. Sa liberté formelle et sa capacité à retranscrire, dans l'écoulement du temps, l'enchaînement logique des faits lui permettent de suivre le fil d'une existence. Les personnages y gagnent en épaisseur, et semblent prendre vie sous les yeux du lecteur.

• L'ambition de représenter la réalité dans ses moindres détails explique l'importance que prend la **description** dans le récit réaliste. Celle-ci n'est jamais gratuite : elle permet de situer le lecteur dans l'espace, elle lui donne l'impression d'être *dans* le lieu ou *face* au personnage décrit. Elle est ainsi l'un des moyens privilégiés pour produire un « effet de réel ».

• Les écrivains réalistes enrichissent l'art du roman : ils inventent de nouvelles formes et de nouveaux outils pour épouser les contours de la réalité.

• Ainsi, les jeux de la **focalisation** se complexifient dans la littérature réaliste. Balzac favorise la focalisation zéro et fait du narrateur un démiurge omniscient, quand Stendhal ou Flaubert explorent les ressources offertes par la focalisation interne, qui permet de faire entrer le lecteur dans l'intériorité du personnage.

3 Les thèmes réalistes

• Le récit réaliste s'intéresse au présent et s'inspire de la **vie réelle**. Ainsi, Stendhal tire *Le Rouge et le Noir* d'un fait divers lu dans un journal, Flaubert fait de même pour *Madame Bovary*. Les réalistes s'intéressent à l'influence grandissante de la classe bourgeoise, ils décrivent le règne de l'argent et les réalités de la vie provinciale.

• Loin de l'idéalisation et de l'héroïsme romantiques, le réalisme tente de représenter la **banalité de l'existence**. Flaubert avait même pour ambition d'écrire « un livre sur rien » : c'est *L'Éducation sentimentale*, roman d'une vie médiocre et d'occasions ratées, qui s'en approche le plus.

• La **laideur** et l'**immoralité** deviennent ainsi des sujets littéraires, au risque de choquer les bien-pensants. Un procès est même intenté à Gustave Flaubert à la parution de *Madame Bovary* (1857). Le roman est accusé d'être « la négation du beau et du bon », et même de multiplier les « outrages à la morale publique et aux bonnes mœurs » !

▶ **Bien qu'il ait eu une existence limitée dans le champ littéraire, le mouvement réaliste est donc d'une grande importance dans l'histoire du genre romanesque. Stendhal, Balzac et Flaubert ont posé les fondations du récit réaliste qui, aujourd'hui encore, reste l'un des modèles littéraires les plus répandus.**

LE RÉCIT NATURALISTE

▶ **Le naturalisme apparaît comme le successeur du réalisme, dont il radicalise les principes. À la différence de ce dernier, il constitue une véritable école littéraire, autour de la figure tutélaire de Zola.**

1 Le mouvement naturaliste

• Si le naturalisme naît avec la publication de *Germinie Lacerteux* par les **frères Goncourt** (en 1865), c'est Émile Zola qui, très vite, apparaît comme le maître d'œuvre de cette école littéraire.

• La publication de *Thérèse Raquin* (en 1867) confirme son importance, bientôt suivie par l'important cycle romanesque intitulé *Les Rougon-Macquart*. Finalement constituée de vingt volumes, cette immense fresque sociale a dominé, de 1871 jusqu'en 1893, toute l'histoire du naturalisme.

• De jeunes écrivains, admirant le travail de Zola et celui des frères Goncourt, se groupent autour d'eux et donnent officiellement naissance à l'**école naturaliste**. Huysmans, Mirbeau et Maupassant épousent ainsi les idées de Zola, qui publie une série de textes théoriques pour expliciter les principes du mouvement (*Le Roman expérimental* en 1880, *Les Romanciers naturalistes* en 1881).

• Par la suite pourtant, ces écrivains prennent leurs distances avec le naturalisme, lui reprochant par exemple d'avoir une vision trop mécanique de la réalité.

2 L'esthétique naturaliste

• Les écrivains naturalistes tirent parti des **avancées scientifiques** de leur temps : ils travaillent sur les découvertes de la médecine et de la psychologie, Maupassant sur la folie (*Le Horla*, 1887), les frères Goncourt sur l'hystérie féminine (*Germinie Lacerteux*, 1865).

• Zola s'appuie sur les lois de l'hérédité, au fondement de ses *Rougon-Macquart*. Le cycle romanesque est en effet sous-titré *Histoire naturelle et sociale d'une famille sous le second Empire*, et montre comment une tare psychologique se transmet de génération en génération, avec des effets très différents.

• Cette approche scientifique ne suffit pas, aux yeux des romanciers naturalistes, à donner une représentation exacte de la réalité. Cette exigence d'objectivité les conduit à mener de véritables **enquêtes préparatoires** : Zola arpente ainsi les Halles de Paris, couvrant son carnet de croquis et de notes, pour en donner l'image la plus fidèle possible dans *Le Ventre de Paris* (1873).

• Du point de vue des techniques narratives, les romanciers naturalistes privilégient la **focalisation interne** : elle donne au lecteur l'impression de participer directement à la fiction romanesque, en adoptant le regard d'un personnage. De la même manière, l'usage du **discours indirect libre** permet au romancier d'adopter les mots et la syntaxe des ses personnages.

3 Les thèmes naturalistes

• Le naturalisme va plus loin encore que le réalisme dans son exploration de la société française : il s'intéresse à **tous les milieux,** dont certains font avec lui leur entrée en littérature. Zola consacre certains volumes des *Rougon-Macquart* au monde ouvrier ou au petit peuple parisien.

• Ainsi, les personnages naturalistes sont souvent **ordinaires** : Maupassant raconte dans *Une vie* (1883) l'existence banale d'une femme sans originalité. Les thèmes naturalistes sont très éloignés de l'idéalisation romantique : Zola aborde, dans *Les Rougon-Macquart*, des questions telles que la prostitution, l'alcoolisme, ou même le crime.

• Le naturalisme fut longtemps accusé de nourrir une attirance coupable pour les bas-fonds les plus sordides : on pourrait lui savoir gré, au contraire, d'avoir élevé à la dignité du roman tout un peuple de personnages qui, jusque là, n'y avaient pas accès.

▶ **Les points communs sont donc nombreux entre le réalisme et le naturalisme ; celui-ci, sous l'impulsion de Zola, a cherché à aller plus loin encore que ses maîtres Balzac et Flaubert, au risque d'épuiser les ressources du récit réaliste dans une objectivité excessive.**

BILAN EXPRESS
LE ROMAN ET LA NOUVELLE

▶ Cinq points clés

• L'incipit est toujours un moment-clé : c'est le seuil par lequel le lecteur entre dans le monde de la fiction.

• Pour analyser un roman ou une nouvelle, il faut étudier sa construction, la façon dont les événements s'enchaînent, le rythme qu'adopte le narrateur, etc. : il faut toujours être attentif au traitement du temps dans le récit.

• Le point de vue d'où le narrateur regarde la scène et rapporte les événements est essentiel : il est souvent un moyen de saisir le jugement que l'auteur porte sur ses créatures.

• Contrairement à sa (mauvaise) réputation, une description réussie peut provoquer un véritable plaisir de lecture. Surtout, elle joue un rôle fondamental dans le récit : elle aide le lecteur à se représenter la scène et contribue à lui donner une impression de réalité.

• Face aux romans et aux nouvelles du XIXᵉ siècle, il faut aussi déterminer par quels procédés, « effets de réel » ou « petits faits vrais », l'auteur parvient à créer l'illusion de la réalité.

▶ Cinq citations

[Le roman réaliste cherche à] faire concurrence à l'état civil.

(BALZAC, « Avant-Propos » de *La Comédie humaine*, 1842)

▶ Le réalisme a l'ambition de représenter la totalité de la société, passant en revue les différents types qui la composent.

Eh, monsieur, un roman est un miroir qui se promène sur une grande route. Tantôt il reflète à vos yeux l'azur des cieux, tantôt la fange des bourbiers de la route. Et l'homme qui porte le miroir dans sa hotte sera par vous accusé d'être immoral ! Son miroir montre la fange, et vous accusez le miroir !

(STENDHAL, *Le Rouge et le Noir*, II, 19, 1830)

▶ Le roman n'invente pas la réalité, il la reflète. Ainsi, on ne peut accuser un roman d'être immoral : c'est bien plutôt la société qu'il représente qui est immorale.

Madame Bovary n'a rien de vrai. C'est une histoire totalement inventée ; je n'y ai rien ni de mes sentiments, ni de mon existence. L'illusion (s'il y en a une) vient au contraire de l'impersonnalité de l'œuvre. C'est un de mes principes, qu'il ne faut pas s'écrire. L'artiste doit être dans son œuvre comme Dieu dans la création, invisible et tout puissant ; qu'on le sente partout, mais qu'on ne le voie pas.

(Gustave Flaubert, « Lettre à Mlle Leroyer de Chantepie », 18 mars 1857)

▶ La question de la focalisation est centrale dans le récit réaliste : elle est le moyen par lequel l'auteur est présent dans l'œuvre tout en s'effaçant derrière la narration. C'est ce qui caractérise l'objectivité paradoxale du roman réaliste.

Le romancier naturaliste affecte de disparaître complètement derrière l'action qu'il raconte. Il est le metteur en scène caché du drame. Jamais il ne se montre au bout d'une phrase.

(Zola, *Le Roman expérimental*, 1880)

▶ La continuité entre « l'impersonnalité » flaubertienne et l'objectivité zolienne apparaît là de façon claire.

[Le but du romancier réaliste] n'est point de nous raconter une histoire, de nous amuser ou de nous attendrir, mais de nous forcer à penser, à comprendre le sens profond et caché des événements.

(Maupassant, Préface de *Pierre et Jean*, 1888)

▶ Paradoxalement, l'ambition de la fiction romanesque est de révéler la réalité aux yeux du lecteur, de l'aider à comprendre le monde dans lequel il vit.

Cinq œuvres majeures

• Stendhal, *Le Rouge et le Noir*, 1830 : un fait divers transformé en monument de la littérature.

• Balzac, *Le Père Goriot*, 1835 : un drame familial et social, et un grand roman d'éducation.

• Flaubert, *Madame Bovary*, 1857 : le récit magistralement ironique des rêves déçus d'une femme ordinaire.

• Zola, *L'Assommoir*, 1887 : selon les mots mêmes de Zola, « le premier roman sur le peuple qui ne mente pas et qui ait l'odeur du peuple ».

• Maupassant, *Le Horla*, 1887 : le modèle de la nouvelle fantastique.

LA TRAGÉDIE ET LA COMÉDIE AU XVIIᵉ SIÈCLE

▶ Si le XIXᵉ siècle constitue l'âge d'or du roman, le théâtre, lui, connaît son apogée au XVIIᵉ siècle. Les auteurs les plus célèbres de cette époque sont presque tous dramaturges : Corneille, Molière et Racine ont écrit parmi les plus belles pages de l'histoire théâtrale. Comment ont-ils contribué à définir les principes des deux grands genres que sont la tragédie et la comédie ? Quelles sont les particularités du théâtre classique ?

1 Les spécificités du texte théâtral

Avant d'aborder le théâtre du XVIIᵉ siècle, il faut au préalable définir ce qui distingue le genre dramatique des autres grands genres littéraires. En effet, le théâtre est fait pour être vu plus que pour être lu. À ce titre, le texte d'une pièce de théâtre diffère quelque peu d'un poème, d'un roman ou d'un essai : le fait d'être écrit pour être représenté et mis en scène engage un certain nombre de modifications et de spécificités.

• En quoi le théâtre se distingue-t-il des autres genres littéraires ? Comment le texte prévoit-il les conditions de sa propre représentation ? C'est ce que nous verrons en abordant, dans la fiche 20, les caractéristiques du texte de théâtre, et en distinguant en particulier les didascalies des dialogues et des monologues.

• Comment la pièce de théâtre est-elle construite ? Quels sont les principes d'organisation auxquels elle est soumise ? Le XVIIᵉ siècle a en effet largement contribué à fixer un modèle canonique pour la pièce de théâtre, modèle que nous décrirons dans la fiche 21, consacrée à la structure de la pièce classique.

• Quelles sont les particularités du personnage de théâtre ? Pourquoi faut-il le considérer comme une force agissante, plutôt qu'un individu à la psychologie réaliste ? Tel est l'objet de la fiche 22, qui s'intéresse au schéma actantiel.

2 Les grands genres du théâtre au XVIIᵉ siècle

• Le théâtre du XVIIᵉ siècle se résume essentiellement à la comédie et à la tragédie. Quelles sont leurs caractéristiques respectives ? Comment se définissent-elles, notamment dans leur opposition ? Quels sont leurs sous-genres et leurs principaux auteurs ?

• La **comédie** classique exploite des ressources très variées, et s'incarne dans des modèles très différents : quels sont les procédés qui, de la farce à la comédie de mœurs, font rire les spectateurs ? La fiche 23 répondra à ces interrogations.

• Le **genre tragique**, au XVIIᵉ siècle, hésite entre tragi-comédie baroque et tragédie classique. Quelles sont les différences entre ces deux formes ? Quels sont les éléments qui font de la tragédie le grand genre du siècle ? Telles sont les questions qu'abordera la fiche 24.

3 Le théâtre classique et les règles

• Le théâtre du XVIIᵉ siècle est indissociable du mouvement classique. Le classicisme désigne en effet une brève période (1660-1680) pendant laquelle les écrivains français ont recherché **la mesure, la pureté et le naturel**.

• Les genres littéraires ont ainsi été régularisés, en particulier le théâtre qui gagne même une dimension morale : au nom de l'utilité du spectacle, les dramaturges cherchent à **délivrer un enseignement aux spectateurs**. La comédie dénonce les ridicules et tourne en dérision les défauts humains, la tragédie édifie par le spectacle terrifiant des déchéances provoquées par les passions.

• Nous verrons donc dans la fiche 25 quelles sont **les règles** que le classicisme a peu à peu imposées au théâtre : à quoi sert la règle des trois unités ? Qu'appelle-t-on les bienséances ?

> **Certains éléments du texte théâtral doivent être prononcés par les acteurs, mais d'autres guident le travail de mise en scène et ne doivent pas être proférés.**

1 Les didascalies

Les didascalies désignent tout ce qui, dans le texte de théâtre, n'est pas prononcé par les comédiens. Peu nombreuses dans le théâtre classique, elles revêtent une importance grandissante au XXᵉ siècle.

A Les didascalies externes

• Les **didascalies initiales** comprennent tout ce qui précède le texte proprement dit, c'est-à-dire la liste des personnages et les informations sur les lieux et le moment où se situe l'action.

• Les **indications scéniques** englobent toutes les remarques sur le lieu (par exemple un objet dont la présence est spécifiée) ou le temps (par exemple lorsque le comédien doit faire une pause avant de prononcer la suite de sa réplique), et toutes les indications données au comédien sur le ton ou la gestuelle.

B Les didascalies internes

Elles ne sont pas des didascalies à proprement parler, puisque les indications scéniques sont directement prises en charge par le dialogue, comme dans cette réplique d'Auguste dans *Cinna* de Corneille (V, 1) qui indique à l'acteur les mouvements à accomplir : « Prends un siège, Cinna. »

2 Le dialogue

• Par le mot **dialogue**, on désigne au théâtre l'ensemble des propos échangés par les personnages, quelle que soit leur longueur ; le dialogue théâtral s'inscrit dans une situation de communication qu'on appelle la **double énonciation** : à un premier niveau énonciatif, un personnage parle à un autre personnage, mais, à un second niveau, l'auteur parle aux spectateurs par l'intermédiaire des personnages.

• La **réplique** désigne les paroles qu'un personnage prononce lorsque le personnage qui parle avant lui a fini de parler, et avant que le personnage qui parle après lui ne prenne la parole.

• Le dialogue théâtral est donc constitué d'un échange de répliques, dont la longueur peut être très variable :
– la **répartie** est une réplique rapide, souvent spirituelle ;
– la **stichomythie** désigne un échange de répliques très brèves, qui n'occupent généralement pas plus d'un vers, voire d'un hémistiche ;
– la **tirade** est une longue réplique ;
– le **récit théâtral** est une longue tirade, prononcée par un messager qui expose aux autres personnages et aux spectateurs une succession d'actions qui n'ont pu être représentées sur scène ; c'est par exemple le cas du récit de Théramène dans *Phèdre* de Racine, qui raconte la mort d'Hippolyte.

3 Le monologue

• Dans certains cas, un personnage parle seul sur scène, sans autre destinataire que lui-même (et que les spectateurs) : on parle alors de **monologue**. Souvent critiqué pour son invraisemblance, le monologue permet d'exposer l'intériorité du personnage et de clarifier ses intentions.
• Certains types de répliques se rapprochent du monologue :
– le **soliloque**, dans lequel le personnage ne s'adresse à personne, pas même à lui-même, et semble divaguer ;
– les **stances**, qui sont écrites à la manière d'un poème, avec des vers de longueur variable ; l'exemple le plus célèbre en est le monologue de Rodrigue dans le *Cid* (I, 6) ;
– l'**aparté**, réplique prononcée à l'intérieur d'un dialogue, mais que les autres personnages ne sont pas censés entendre ; il est destiné à celui qui le prononce, comme s'il pensait à haute voix, et indirectement aux spectateurs ;
– l'**adresse au public**, qui se distingue de l'aparté par le fait que le personnage adresse explicitement ses paroles au public, comme s'il brouillait les deux niveaux de la double énonciation.

> Le fait de distinguer les didascalies d'une part, le dialogue et le monologue d'autre part révèle la spécificité du texte théâtral : comme il est fait pour être représenté, certaines de ses composantes s'adressent à l'acteur et au metteur en scène, et non pas au spectateur.

▶ **Au xviiᵉ siècle, la construction des pièces de théâtre obéit à des modèles relativement figés. Le nombre d'actes, le déroulement de l'exposition ou du dénouement, la nature des péripéties sont ainsi réglés par la tradition.**

1 Les séquences du texte théâtral

A L'acte

• C'est la division **fondamentale** de la pièce de théâtre. Les différents actes d'une pièce sont généralement d'une durée à peu près égale.

• Les tragédies comptent le plus souvent cinq actes, alors que les comédies n'en ont que trois ; c'est pour rapprocher certaines de ses pièces du genre noble que Molière écrit ses comédies dites « sérieuses » (*Dom Juan*) en cinq actes plutôt qu'en trois, comme ses farces (*Les Fourberies de Scapin*).

B L'entracte

• C'est le **temps qui sépare deux actes**. Il permettait à l'origine de changer les bougies.

• L'action est censée se continuer dans les coulisses, ce qui permet de placer dans ce temps les actions que l'on ne peut pas montrer sur scène, telle la victoire de Rodrigue contre les Maures, entre les actes III et IV du *Cid* de Corneille.

C La scène

Elle apparaît au début du xviiᵉ siècle. Elle sépare l'acte en plusieurs séquences distinctes, en fonction du mouvement des personnages : dès qu'un personnage entre ou sort, on passe à la scène suivante.

2 L'organisation de l'action

A L'exposition

• Elle constitue la première étape de l'action théâtrale ; elle donne les éléments nécessaires à la compréhension de l'intrigue. Elle présente donc les principaux personnages, leurs liens et l'amorce des conflits qui constituent l'action.

• Elle doit être **claire**, mais **rapide** : au mieux, elle n'occupe que la première scène, mais le plus souvent elle correspond à l'ensemble du premier acte.

• Enfin, pour éviter l'invraisemblance et l'ennui, elle doit éviter de prendre l'apparence d'un long monologue présentant de façon trop explicite les enjeux de la pièce. Aussi les dramaturges ont-ils favorisé les expositions *in medias res* (« au milieu de l'action ») : les éléments nécessaires sont intégrés à un dialogue entre le personnage principal et son valet ou confident.

B Le nœud

• Le nœud désigne le moment où des **obstacles** viennent s'opposer à la réalisation des désirs du sujet de l'action.
• Le nœud dure jusqu'à la fin de la pièce, où il sera « dénoué » : il occupe donc l'essentiel de l'action, et correspond aux actes centraux.

C Les péripéties

Elles introduisent des **éléments nouveaux** dans ce nœud. Au sens strict du terme, la péripétie désigne un retournement complet de situation, et ne doit intervenir qu'à la fin de la pièce ; mais les coups de théâtre se sont multipliés au cours du XVIIᵉ siècle, si bien que les péripéties ont fini par désigner tous les **rebondissements** d'une pièce.

D Le dénouement

• Il constitue la dernière étape de l'action théâtrale : il occupe le dernier acte de la pièce ; il voit disparaître les obstacles et détermine le sort de tous les personnages de l'intrigue.
• Il doit être **nécessaire**, c'est-à-dire découler logiquement du nœud et des péripéties : cela interdit le recours au *deus ex machina*, l'arrivée sur scène d'un personnage inattendu (dieu ou roi par exemple) qui, par son pouvoir, lèverait tous les obstacles.
• Le dénouement doit aussi être **rapide** et **complet**, ne pas laisser sans réponses des questions soulevées par le nœud.
• Dans la tragédie, le dénouement est le plus souvent malheureux (le mot *catastrophe* désigne d'ailleurs, en grec ancien, le dénouement d'une tragédie), alors que dans la comédie, il est généralement heureux (traditionnellement, la comédie s'achève par un mariage).

▶ **Le dramaturge de l'âge classique doit composer avec un certain nombre de règles et d'usages, qui fournissent un canevas général dans lequel l'intrigue doit s'insérer.**

▶ **Le personnage de théâtre n'a pas de réelle individuali-té : il se définit par ses faits et gestes, et par les rapports qui l'unissent aux autres personnages. D'une pièce à l'autre, ce sont en effet des fonctions similaires et des actions compa-rables que l'on retrouve, si bien qu'il ne faut pas envisager le personnage dramatique en tant qu'individu, mais en tant que support d'une action, c'est-à-dire comme actant.**

1 Définition

Le schéma actantiel constitue le meilleur moyen de résumer l'intrigue d'une pièce, et de montrer les liens qui unissent les personnages ; surtout, il permet de souligner à quel point le personnage dramatique n'est pas isolé, mais pris dans des rapports de forces qui le dépassent.

A Les fonctions

• Le **sujet** est celui qui mène l'action ; il est en général le personnage central de l'intrigue principale, et c'est souvent lui qui donne son nom à la pièce.

• L'**objet** est ce que recherche le sujet, l'objet de son désir ; ce peut être une idée abstraite (comme le pouvoir) ou un personnage (comme une femme).

• Le **destinateur** est la force qui incite le sujet à agir, le désir qui le pousse vers l'objet ; le plus souvent, c'est une idée abs-traite (comme l'amour, ou l'ambition), mais ce peut être aussi un personnage (comme un père peut pousser son fils à agir).

• Le **destinataire** est le bénéficiaire de l'action ; souvent, c'est le sujet lui-même, mais il peut aussi entreprendre cette action pour le bénéfice d'un autre personnage, voire pour une idée abstraite (par exemple pour le bien de l'humanité).

• L'**adjuvant** aide le sujet dans sa quête ou dans la réalisation de son désir.

• L'**opposant** au contraire est l'adversaire du sujet, générale-ment parce qu'il désire le même objet que lui.

B Le schéma

Les liens qui unissent les différents personnages et les dif-férentes fonctions actantielles peuvent être décrits sous la forme d'un schéma simple, présenté sur la page suivante.

Destinateur　　　　　　　　　**Destinataire**

Sujet → Objet

Adjuvants　　　　　　　　　**Opposants**

2 L'exemple de *L'Avare*

L'intrigue de *L'Avare*, comédie écrite par Molière en 1668, peut être résumée ainsi :

> Les enfants d'Harpagon, Élise et Cléante, veulent se marier, mais en sont empêchés par l'avarice de leur père. Élise aime Valère, qui pour se rapprocher d'elle s'est fait engager par Harpagon comme intendant ; Cléante, amoureux de la belle Mariane, n'a quant à lui pas les moyens de lui faire la cour. Harpagon a d'autres plans pour eux : il veut marier sa fille à un riche vieillard, et épouser lui-même Mariane. L'opposition entre les générations culmine avec l'affrontement du père et du fils, mais la découverte du vol de la cassette dans laquelle Harpagon garde une importante somme d'argent bouscule tout. À la recherche de son or disparu, Harpagon découvre la liaison de sa fille et de Valère, faussement accusé du larcin. Heureusement, Anselme, le riche promis d'Élise, se révèle être le père de Valère et de Mariane ! Cette extraordinaire scène de reconnaissance permet la résolution de l'intrigue : Élise et Cléante peuvent se marier avec les personnes qu'ils aiment, et Harpagon récupère sa cassette.

Un schéma actantiel relativement simple permet de rendre compte de cette intrigue :

L'amour　　　　　　　　　**Eux-mêmes**

Élise/Cléante → Valère/Mariane

Anselme　　　　　　　　　**Harpagon
Son avarice**

▶ Comme l'écrit Aristote dans *La Poétique* à propos du théâtre, « il s'agit avant tout d'une représentation d'action et, par là seulement, d'hommes qui agissent ». Le schéma actantiel permet ainsi de rappeler qu'au théâtre, les personnages ne sont pas des caractères à la psychologie individualisée, mais les supports d'une action.

LA COMÉDIE AU XVIIᵉ SIÈCLE

▶ **Née dans l'Antiquité grecque, la comédie n'a cessé d'inventer de nouveaux sous-genres et de nouveaux procédés. Au xviiᵉ siècle, elle est profondément renouvelée par le génie de Molière.**

1 Les ressources de la comédie

Les procédés qui provoquent le rire des spectateurs sont très variés, mais on peut les ramener à quatre types, généralement présents dans tous les sous-genres de la comédie.

• Le **comique de gestes** est essentiellement lié à la mise en scène et au jeu des comédiens. Gifles, coups de bâtons, chutes, mouvements désordonnés se multiplient dans la farce, mais on les trouve aussi dans les comédies dites sérieuses.

• Le **comique de mots** exploite les jeux de mots, les répétitions, les déformations de mots volontaires ou non, les accents particuliers, les patois. Là encore, c'est un comique caractéristique de la farce, mais on le trouve aussi dans les autres sous-genres comiques.

• Le **comique de situation** repose sur l'action : personnage dissimulé, quiproquo (dialogue qui s'articule autour d'une confusion), rencontre inattendue, déguisement... Le comique de situation domine dans la comédie d'intrigue.

• Le **comique de caractère** tourne en dérision les défauts d'un individu qui incarne un type ; il domine dans la comédie de caractère.

2 Les sous-genres de la comédie

A La farce

• C'est une pièce courte qui met en œuvre un comique **bas et simple**, parfois grossier (chutes, bastonnades, jeux de mots, patois, etc.).

• Héritée de la comédie latine, elle connaît son âge d'or au Moyen Âge, mais est encore vivace au xviiᵉ siècle (par exemple chez Molière).

• En Italie, elle donne naissance à la *commedia dell'arte*.

B La comédie d'intrigue

Elle s'impose en France au xviiᵉ siècle. Elle se fonde sur des **situations comiques**, multiplie coups de théâtre ou quiproquos, et exploite des procédés romanesques, comme les enlèvements, les déguisements ou les scènes de reconnaissance.

C La comédie de caractère

• Elle cherche à décrire un personnage en action et à faire à travers lui le tableau d'un type comique, comme Molière représente le type de l'avare à travers Harpagon.

• Elle vise à divertir le spectateur, mais aussi à l'édifier : elle dénonce en effet les défauts et les vices du type qu'elle tourne en dérision.

D La comédie de mœurs

Elle s'intéresse aux défauts des contemporains, en particulier aux travers de certains groupes sociaux, comme le fait Molière dans *Les Précieuses ridicules* (1659) ou dans *Les Femmes savantes* (1672).

E La comédie-ballet

• C'est un genre propre au XVIIᵉ siècle, qui intègre des ballets dansés dans l'action ou en guise d'intermède.

• Ce sont surtout Molière (pour les dialogues) et Lully (pour la musique) qui se sont illustrés dans ce genre, par exemple avec *Le Bourgeois gentilhomme* (1670).

3 La comédie après le XVIIᵉ siècle

• Les genres explorés par Molière perdurent, notamment dans la comédie du XVIIIᵉ siècle (la comédie d'intrigue chez Marivaux, la comédie de mœurs chez Beaumarchais).

• Le XIXᵉ siècle invente de nouveaux sous-genres, dont le vaudeville ; cette comédie de mœurs comportant des passages chantés évolue, sous l'influence de Labiche et de Feydeau, vers la comédie bouffonne, essentiellement construite autour d'intrigues amoureuses.

• Au XXᵉ siècle, il est remplacé par le théâtre de boulevard, aux intrigues conventionnelles.

• Un théâtre plus expérimental bouscule les traditions et mélange les genres : ainsi, le théâtre de l'absurde d'un Ionesco ou d'un Beckett provoque le rire à partir de situations désespérantes, presque tragiques.

▶ **Le XVIIᵉ siècle fixe pour longtemps les principaux modèles de la comédie : c'est peut-être ce qui explique pourquoi, aujourd'hui encore, les pièces de Molière font autant rire les spectateurs.**

24

LA TRAGÉDIE AU XVIIᵉ SIÈCLE

▶ La tragédie naît comme la comédie dans l'Antiquité grecque, mais elle connaît une existence plus intermittente : si elle fut le genre dominant du théâtre français du XVIᵉ au XVIIIᵉ siècle, son âge d'or correspond surtout au XVIIᵉ siècle.

1 La tragi-comédie baroque

Son nom est trompeur : il ne désigne pas un mélange de tragédie et de comédie, ni même, comme on le croit parfois, une tragédie qui finit bien. La tragi-comédie, genre caractéristique du théâtre **baroque** (fin du XVIᵉ et début du XVIIᵉ siècle), est en fait une **tragédie irrégulière**, qui se caractérise par :
– la multiplication des **intrigues** ;
– l'**absence d'unité** de temps ou de lieu ;
– la présence d'**invraisemblances** ;
– un goût prononcé pour les **coups de théâtre** et les rebondissements inattendus ;
– les nombreuses **péripéties** romanesques, telles qu'enlèvements, déguisements, assassinats, reconnaissances…

2 La tragédie classique

La tragédie est un **genre noble**, qui s'est peu à peu codifié à partir des années 1630, en se fondant sur les principes développés par le philosophe grec Aristote dans la *Poétique* (IVᵉ siècle av. J.-C.).

A Les personnages

Qu'ils soient d'origine légendaire ou historique, ils sont d'un **rang élevé**, héros de la mythologie (Thésée dans *Phèdre* de Racine) ou empereurs de l'histoire romaine (Néron dans *Britannicus* de Racine).

B Le sujet

• Il doit lui aussi être noble ; il est généralement emprunté à la **mythologie** (comme l'*Iphigénie* de Racine) ou à l'**histoire** (*Horace* de Corneille tire son intrigue de la bataille des Horaces et des Curiaces, célèbre épisode de l'histoire romaine).
• Les **thèmes** que la tragédie aborde sont donc essentiellement politiques ou amoureux, comme l'héroïsme (*Le Cid* de Corneille), le devoir (*Horace* de Corneille) ou la passion (*Phèdre* de Racine).

LA TRAGÉDIE ET LA COMÉDIE AU XVIIᵉ SIÈCLE ● 51

C Le dénouement

• Il est généralement **malheureux et funeste**, puisque la tragédie s'achève le plus souvent par la mort du héros ou de l'héroïne.

• Il arrive néanmoins que ce dénouement soit **heureux**, comme celui du *Cid* (Rodrigue et Chimène vont pouvoir s'épouser) ou celui de *Cinna* de Corneille (Auguste fait preuve de sa clémence en pardonnant à tous ceux qui ont conspiré contre lui, Cinna compris).

D Les fonctions de la tragédie

• Elle cherche à **émouvoir** le spectateur pour lui plaire ; elle cherche avant tout à faire couler les larmes du public : c'est pourquoi elle exploite si souvent le registre pathétique.

• Selon la définition d'Aristote, la tragédie cherche aussi à inspirer « **terreur et pitié** » au spectateur, pour que puisse s'effectuer la *catharsis*. Cette notion, que l'on traduit généralement par « purgation des passions », laisse entendre que le spectateur doit se défaire de ses propres passions (telles que l'orgueil ou l'ambition) par le spectacle du sort funeste qu'elles provoquent chez les personnages qui en sont habités.

• La tragédie ne cherche donc pas seulement à plaire : elle a aussi pour fonction d'**instruire** le spectateur.

3 La tragédie après le XVIIᵉ siècle

• Au XVIIIᵉ siècle, la tragédie reste le genre majeur, celui qui consacre les plus grands auteurs. Voltaire était ainsi reconnu, de son vivant, comme un grand auteur tragique, l'égal d'un Corneille ou d'un Racine ! Pourtant, la tragédie du XVIIIᵉ siècle propose peu d'inventions et ne permet pas le renouvellement du genre.

• La tragédie connaît ensuite un lent déclin, jusqu'aux années 1930 et 1940 où l'on assiste à une sorte de renaissance tragique : des auteurs tels que Camus, Sartre, Anouilh ou Giraudoux réécrivent les tragédies antiques.

▶ **Bien qu'elle ait connu une histoire nettement plus brève que la comédie, la tragédie n'en a pas moins donné à la littérature française quelques-unes de ses plus belles pages : les pièces de Corneille et de Racine restent des modèles du genre.**

LES RÈGLES DU THÉÂTRE CLASSIQUE

▶ **Le théâtre cherche à donner au spectateur l'impression qu'il assiste à une action véritable, et non pas à une simple représentation ; pour parvenir à créer cette illusion et fonder cette vraisemblance, le théâtre classique a progressivement élaboré un certain nombre de règles.**

1 La vraisemblance

• Les règles élaborées à partir des années 1630 reposent sur le principe fondamental de la vraisemblance ; l'abbé d'Aubignac la définit même, dans *La Pratique du théâtre* (1657), comme « l'essence du poème dramatique, et sans laquelle on ne peut rien faire ni rien dire de raisonnable sur la scène ». Le but de la vraisemblance est que le spectateur puisse **considérer comme vraie** l'action qu'il voit représentée, même s'il sait qu'elle n'est pas réelle ; pour ce faire, l'action doit être **rationnelle**, et l'intrigue doit avoir une **cohérence générale**.

• On comprend ainsi la célèbre formule de *L'Art poétique* de Boileau (1674), selon laquelle « **le vrai peut quelquefois n'être pas vraisemblable** » : il arrive parfois, dans la vie réelle, que le hasard produise des faits proprement incroyables ; le théâtre, quant à lui, ne doit montrer que des événements crédibles.

2 Les bienséances

• Au XVIIᵉ siècle, on désigne par le terme de **bienséance** le fait que la pièce représentée respecte certains principes de cohérence. Le personnage dramatique doit en effet :

– ne pas changer de caractère au cours de la pièce : Rodrigue est héroïque dès le début du *Cid* de Corneille, et doit le rester jusqu'au dénouement ;

– agir conformément à son rang : un roi ne peut ainsi recourir à la ruse ou au mensonge comme le ferait un valet de comédie ;

– respecter ce que le spectateur sait déjà de lui : sur scène comme dans l'histoire ou la mythologie, Néron est tyrannique et Achille impétueux.

Ces principes sont parfois appelés **bienséance interne**.

• Une forme de cohérence doit aussi régner entre la scène et la salle : ce qui choquerait dans la vie réelle risque aussi, une fois porté à la scène, de choquer le public du théâtre. Pour cette raison, un certain nombre de réalités sont censées ne pas être représentées directement :

– la violence, et notamment la mort ;

– les réalités corporelles, et notamment sexuelles.

Ces principes sont parfois appelés **bienséance externe**.

3 La règle des trois unités

Pour assurer la vraisemblance de la pièce, les dramaturges classiques tentent de rapprocher ce qui se passe sur scène de ce qui se passe dans la salle ; ils respectent alors la règle des trois unités.

• L'**unité de lieu** tient au fait que le spectateur de théâtre reste au même endroit pendant le spectacle. Puisqu'il ne change pas de lieu, la scène doit elle aussi demeurer un endroit unique, ce qui conduit à privilégier des lieux intermédiaires (le cabinet d'un roi, l'antichambre d'un palais).

• L'**unité de temps** tient au fait que le temps de la représentation est limité ; celui de l'action représentée doit alors s'en approcher le plus possible. Mais le temps étant une réalité subjective, on considère qu'aux quelques heures de la représentation peuvent correspondre jusqu'à vingt-quatre heures.

• L'**unité d'action** est la conséquence des deux unités précédentes ; en un seul lieu, en un jour au plus, seule une action principale peut avoir lieu ; les intrigues secondaires doivent donc s'y rattacher nécessairement. Comme le dit Mairet, « il y doit avoir une maîtresse et principale action à laquelle toutes les autres se rapportent comme les lignes de la circonférence au centre » (Préface de *La Silvanire*, 1631).

▶ Au XVII⁰ siècle, les règles qui régissent le spectacle théâtral ne sont donc pas des contraintes arbitraires et gratuites : censées favoriser la vraisemblance de la représentation et donc l'intérêt du spectateur, elles stimulent finalement la créativité des dramaturges, qui en tirent parfois des effets saisissants.

26

BILAN EXPRESS
LA TRAGÉDIE ET LA COMÉDIE

▶ Tragédie et comédie au XVIIᵉ siècle

	Tragédie (genre noble)	Comédie (genre bas)
Thème	Le pouvoir, les passions, l'héroïsme	L'amour, les conventions sociales, le ridicule
Action	Empruntée à l'Antiquité, la mythologie ou l'Ancien Testament	Empruntée à la vie quotidienne
Rang des personnages	Élevé : héros légendaires ou historiques, rois, princes	Moyen voire modeste : bourgeois, paysans, valets
Époque	L'Antiquité, l'époque biblique	Contemporaine de l'auteur et du public
Lieu	Un palais	Un intérieur bourgeois, la rue d'une ville…
Dénouement	Généralement malheureux, voire sanglant	Généralement heureux (souvent un mariage)
Forme du texte	Cinq actes, généralement en vers	Trois actes, généralement en prose
Style	Sublime, langage soutenu	Bas, langage courant voire familier
Effet visé	Terreur et pitié	Rire

▶ Quatre citations

Qu'en un lieu, qu'en un jour un seul fait accompli
Tienne jusqu'à la fin le théâtre rempli.

(BOILEAU, *L'Art poétique*, III, 1674)

▶ On ne peut énoncer la règle des trois unités plus clairement : la scène (« le théâtre ») ne doit être « rempli[e] » que d'une action principale (« un seul fait accompli »), qui se déroule en un seul lieu et une seule journée.

Le devoir de la comédie [est] de corriger les hommes en les divertissant.

(MOLIÈRE, *Tartuffe*, Premier placet, 1669)

▶ La comédie ne vise pas seulement à faire rire : en tournant en ridicule les défauts humains, elle instruit les spectateurs et les incite à corriger leurs propres défauts. Molière reprend ici une célèbre formule latine, faussement attribuée au poète Horace : *castigat ridendo mores* (la comédie « corrige les mœurs par le rire »).

> En un mot, dans les pièces sérieuses, il suffit, pour n'être point blâmé, de dire des choses qui soient de bon sens et bien écrites ; mais ce n'est pas assez dans les autres, il y faut plaisanter, et c'est une étrange entreprise que celle de faire rire les honnêtes gens.
>
> (MOLIÈRE, *Critique de l'École des femmes*, 1663)

▶ Écrire une comédie est un art plus difficile qu'il n'y paraît : faire rire le public avec des personnages réalistes est une tâche complexe.

> Ce n'est point une nécessité qu'il y ait du sang et des morts dans une tragédie ; il suffit que l'action en soit grande, que les acteurs en soient héroïques, que les passions y soient excitées, et que tout s'y ressente de cette tristesse majestueuse qui fait tout le plaisir de la tragédie.
>
> (RACINE, Préface de *Bérénice*, 1671)

▶ La tragédie, contrairement à ce qu'on entend parfois, n'est pas nécessairement le spectacle d'un destin voué à la mort : ce qui fait sa grandeur, c'est son style sublime et sa capacité à provoquer les larmes du public.

▶ Cinq œuvres majeures

• Corneille, *Le Cid*, 1637 : la tragédie héroïque et enflammée qui consacre Corneille comme le plus grand dramaturge de son temps.
• Molière, *Tartuffe*, 1664-1669 : une comédie qui critique la fausse dévotion et provoque le scandale.
• Molière, *Dom Juan*, 1665 : entre comédie et tragédie, le trajet mythique d'un séducteur qui interroge les lois des hommes – et de Dieu.
• Racine, *Andromaque*, 1668 : le renouveau d'un genre par un jeune auteur qui invente la tragédie galante et amoureuse.
• Racine, *Phèdre*, 1677 : le chef-d'œuvre de Racine, qui fait de la passion amoureuse la plus pathétique des folies.

LA POÉSIE DU XIXᵉ AU XXᵉ SIÈCLE

▶ L'écriture poétique se distingue par l'attention qu'elle apporte au travail de la forme, plus encore que par ses thèmes : la poésie est d'abord un langage. Cependant, il ne faut pas la réduire à la vacuité d'un simple jeu sur les mots.

1 Le recueil de poèmes

• Il faut commencer par déterminer ce qui fait la spécificité du langage poétique : en quoi la poésie se distingue-t-elle des deux autres grands genres littéraires que sont le récit et le théâtre ?

• Sa différence apparaît d'emblée à quiconque feuillette un livre de poésie : il n'est pas composé d'un long récit continu, comme un roman, mais d'une multitude de pièces plus ou moins brèves. On parle ainsi, à son propos, d'un **recueil de poèmes**.

• Le statut de l'œuvre poétique est donc particulier : en lui-même, le poème constitue une œuvre à part entière, que l'on peut comprendre sans avoir recours aux autres poèmes du recueil.

• Cependant, il entretient avec eux des rapports étroits, aussi bien formels que thématiques. Aussi doit-on étudier l'**architecture globale** d'un recueil, et la façon dont les poèmes qui le composent dialoguent l'un avec l'autre.

2 La forme poétique

• Pendant de longs siècles, la poésie s'est confondue avec le vers. Aujourd'hui encore, si l'on demande à quelqu'un de dire ce qui, à son avis, caractérise le mieux la poésie, il y a de grandes chances qu'il réponde « le vers » ou « la rime » ! Il est donc nécessaire de comprendre les principes qui régissent **la versification** : tel est l'objet de la fiche 28.

• Le travail de la forme n'est pas seulement visible à l'échelle du vers : il apparaît aussi dans l'ensemble du poème. Quelles sont les formes de poèmes les plus populaires à travers les époques ? Comment se caractérisent-elles ? C'est ce que nous verrons dans la fiche 29, consacrée aux **poèmes à forme fixe**.

• Parmi ces poèmes, le **sonnet** a connu un succès particulier, c'est pourquoi nous lui consacrerons la fiche 30.

• L'histoire de la poésie ne se limite pas au vers et aux formes fixes : à partir de la seconde moitié du XIXᵉ siècle, les formes poétiques se sont progressivement libérées des règles de la versification, au point de s'affranchir de la rime et du vers. La fiche 31 abordera ainsi cette libération formelle.

3 Les fonctions du poète et de la poésie

Il ne faut cependant pas réduire la poésie à sa stricte dimension formelle : au-delà de ses jeux sur la langue, la poésie cherche à dire quelque chose. Il faudra donc s'intéresser aux fonctions de la poésie et du poète.

• L'une de ses fonctions principales à travers les siècles semble avoir été de chanter le moi et le monde : telle est en tout cas la mission première de la poésie lyrique, que nous définirons dans la fiche 32.

• Pour autant, on ne peut résumer la poésie à l'expression des émotions du poète : quelles sont donc les autres missions qu'elle s'est attribuées ? La fiche 33 définira les différentes fonctions de la poésie.

4 Révolutions poétiques des XIXᵉ et XXᵉ siècles

• Les années 1820-1940 constituent un moment capital dans l'histoire de la poésie, au cours duquel de nombreuses révolutions ont été accomplies.

• Quels sont donc, du romantisme au surréalisme, en passant par le Parnasse et le symbolisme, les évolutions qu'a connues la poésie ? Telle est la question à laquelle répondra la fiche 34, qui porte sur l'histoire de la poésie du romantisme au surréalisme.

> **Les règles de la versification, qui concernent les rythmes et les sonorités du poème, sont exploitées de façon créative par les poètes, comme dans ce quatrain de Verlaine :**

Je fais souvént / ce rév(e) // étráng(e) / et pénétránt
D'une fémm(e) / inconnú(e), // et que j'aím(e), / et qui m'aím(e),
Et qui n'ést, / chaque foís, // ni tout à faít / la mém(e)
Ni tout à faít / un(e) aútre(e), // et m'aím(e) / et me compténd.

(PAUL VERLAINE, « Mon rêve familier », *Poèmes saturniens*, 1866)

1 Le vers

A Les types de vers

On distingue les vers pairs, comme l'alexandrin (12 syllabes), le décasyllabe (10) ou l'octosyllabe (8) ; et les vers impairs, plus rares. Ici, Verlaine utilise l'alexandrin, donc un vers pair.

B La mesure du vers

Le type de vers dépend du nombre de syllabes qu'il comporte. On doit tenir compte de quelques principes :
– le -e muet (ci-dessus entre parenthèses) s'élide en fin de vers (même lorsqu'il est suivi d'une marque de pluriel) et avant un mot commençant par une voyelle ou un h muet ;
– la diérèse permet de compter pour deux syllabes deux voyelles voisines, alors que la synérèse permet de compter pour une seule syllabe deux voyelles voisines.

C L'accentuation

• Vers simples (8 syllabes ou moins) et vers complexes (plus de 8 syllabes) comptent tous un accent fixe obligatoire sur la dernière syllabe prononcée.
• Les vers complexes comportent un second accent fixe, sur la quatrième syllabe pour le décasyllabe, sur la sixième syllabe pour l'alexandrin. Il détermine la place de la césure (notée //) qui se situe immédiatement après lui et qui partage le vers en deux hémistiches (« demi-vers »).
• À l'intérieur d'un vers simple, ou de chaque hémistiche d'un vers complexe, on trouve un accent mobile que l'on appelle accent secondaire (ou accent flottant) et qui marque la dernière syllabe prononcée d'un groupe de mots. Sa place détermine celle de la coupe (notée /).

• Ainsi, le vers 2 se répartit en quatre mesures identiques 3/3//3/3. En revanche, le vers 1 est particulier : il semble pouvoir être scandé en 4/2//2/4, mais Verlaine fait comme si la césure n'existait pas. Il scande ainsi le vers en trois mesures égales (4/4/4) : « Je fais souvént / ce rêve étráng(e) / et pénétránt », sur le modèle du **trimètre romantique**.

D Effets de rythme

• L'**enjambement** désigne le fait qu'un groupe syntaxique important déborde le cadre du vers et se prolonge dans le vers suivant (comme entre le vers 3 et le vers 4).

• Le **rejet** consiste à repousser dans le vers suivant un élément court nécessaire à la construction du vers précédent. Le **contre-rejet** est le phénomène inverse.

2 La rime

A Qualité

Elle dépend du nombre de sons que partagent les mots à la rime (le −e muet ne comptant pas). On distingue :
– la **rime pauvre** (1 seul son commun) ;
– la **rime suffisante** (2 sons communs : péné<u>trant</u>/com<u>prend</u>) ;
– la **rime riche** (3 sons ou plus : <u>m'aim</u>(e)/<u>mêm</u>(e)).

B Disposition

La **disposition** des rimes dépend de la façon dont elles se combinent ; le plus souvent, elles sont :
– **plates** ou **suivies**, lorsqu'elles suivent le schéma *aabb* ;
– **croisées** sur le schéma *abab* ;
– **embrassées** sur le schéma *abba* (comme ici).

3 La strophe

• On identifie la **strophe** traditionnelle par le blanc typographique et par l'organisation des rimes.

• Les principaux modèles de strophes sont le **tercet** (trois vers), le **quatrain** (quatre vers) et le **sizain** (six vers).

▶ **Les règles de la versification, bien que parfois très contraignantes, constituent le moyen privilégié par les poètes pour exploiter la musicalité de la langue.**

LES POÈMES À FORME FIXE

> Certains poèmes sont composés sur un canevas formel très rigoureux, qui ne varie pas d'un auteur à l'autre, voire d'une époque à l'autre : on les désigne alors comme des poèmes à forme fixe.

1 Les formes médiévales

C'est au Moyen Âge que la majorité des formes fixes ont été définies : les nombreux traités d'art poétique des XIVe et XVe siècles fixent les règles de composition de formes généralement héritées de la danse ou de la chanson.

A La ballade

• Elle est généralement constituée de **trois strophes suivies d'un envoi** (correspondant à une demi-strophe). Chaque strophe s'achève par un refrain identique, et l'envoi nomme le dédicataire du poème. Ainsi, l'envoi de la célèbre « Ballade des Pendus », écrite par François Villon, dédie le poème à « Prince Jésus ».

• La ballade connaît de nombreuses variantes. Ainsi, on distingue la **petite ballade** (trois huitains d'octosyllabes suivis d'un quatrain en envoi) et la **grande ballade** (trois dizains de décasyllabes suivis d'un quintil en envoi). Quant au **chant royal**, il comporte cinq strophes et un envoi.

B Le rondeau

• Il doit son nom à la ronde que l'on dansait lorsqu'on le chantait à l'origine.

• Sa forme a varié considérablement mais il s'agit, généralement, d'un poème constitué de **trois strophes** d'octosyllabes ou de décasyllabes, développées sur **deux rimes** seulement, et comprenant un **refrain**.

C Le triolet

Parfois considéré comme l'ancêtre du rondeau, il est fondé sur des **répétitions de vers entiers** et ne comprend que **deux rimes**. Les deux premiers vers sont répétés tels quels en finale, et le tout premier est par ailleurs repris comme quatrième vers.

2 Les formes de la Renaissance

Les poètes du XVIᵉ siècle ont rejeté les formes fixes médiévales : Du Bellay les considérait comme de véritables « épiceries » qui « corrompent le goût de notre langue ». Ils ont donc exploité de nouvelles formes, telles que le sonnet ou l'ode.

A Le sonnet

D'origine incertaine, il fut popularisé par l'italien **Pétrarque** et importé en France au début du XVIᵉ siècle. Il connut alors un succès immense (→ fiche 30).

B L'ode

• Elle n'est pas tout à fait une forme fixe, dans la mesure où sa composition n'obéit pas à des règles de construction très strictes. Néanmoins, on la considère comme telle car elle est généralement constituée de **strophes identiques**.

• Héritée de l'Antiquité et remise à la mode par les poètes de la Pléiade, elle est vouée à la **célébration** ou à la **commémoration**. Ainsi, Ronsard consacre une ode à son ami et protecteur Michel de L'Hospital ; en d'autres odes il célèbre la beauté de la nature et fait l'éloge d'une source, d'une alouette ou d'une forêt.

3 Les formes du XIXᵉ siècle

• Le XIXᵉ siècle renouvelle l'intérêt des poètes pour les formes fixes : s'ils reprennent à leur compte le sonnet (→ fiche 30), ils tentent également d'inventer (ou d'importer) de nouveaux modèles. C'est en particulier le cas du **pantoum**, forme d'origine malaise introduite dans la poésie française par les romantiques, comme Banville ou Hugo (« Pantoum malais », dans *Les Orientales*).

• Le pantoum se caractérise par un nombre libre de **quatrains** à rimes croisées, généralement composés d'octosyllabes ou de décasyllabes. Un **système de reprise** relie une strophe à l'autre : le deuxième et le quatrième vers d'une strophe deviennent le premier et le troisième vers de la suivante.

▶ **Le XIXᵉ siècle est un moment charnière dans l'histoire des formes fixes poétiques : elles sont à la fois très populaires auprès des poètes, mais peu à peu contestées par la libération progressive des contraintes de la versification.**

▶ **Parmi toutes les formes fixes de la poésie, le sonnet est certainement celle qui a connu la plus grande fortune : introduite dans la poésie française à la Renaissance, elle n'a cessé d'inspirer les poètes.**

1 L'invention du sonnet à la Renaissance

• Lorsqu'il est introduit en France, le sonnet comprend quatorze décasyllabes répartis en deux quatrains à rimes embrassées (*abba abba*) suivis d'un sizain correspondant à un distique suivi d'un quatrain à rimes croisées (*ccdede*). C'est le cas par exemple de ce célèbre sonnet de Louise Labé :

Tant que mes yeux pourront larmes épandre,
A l'heur passé avec toi regretter :
Et qu'aux sanglots et soupirs résister
Pourra ma voix, et un peu faire entendre :

Tant que ma main pourra les cordes tendre
Du mignard Luth, pour tes grâces chanter :
Tant que l'esprit se voudra contenter
De ne vouloir rien fors que toi comprendre :

Je ne souhaite encore point mourir.
Mais quand mes yeux je sentirai tarir,
Ma voix cassée, et ma main impuissante,
Et mon esprit en ce mortel séjour
Ne pouvant plus montrer signe d'amante :
Prierai la Mort noircir mon plus clair jour.

(LOUISE LABÉ, *Sonnets*, 1555)

• Les poètes du XVIe siècle ont ensuite introduit quelques évolutions : l'alexandrin a supplanté le décasyllabe, et le système des rimes dans le sizain a connu de nombreuses variantes. Au premier modèle, surnommé « **sonnet français** », s'est ainsi ajoutée la forme du « **sonnet italien** » dont les rimes du sizain diffèrent (*ccdeed* et non plus *ccdede*).

• Les **libertés** prises avec le modèle original peuvent être plus grandes encore : il arrive ainsi que des poètes privilégient dans les deux quatrains des rimes croisées (*abab*) plutôt qu'embrassées.

2 La redécouverte du sonnet au XIXᵉ siècle

• Encore très en vogue tout au long du XVIIᵉ siècle, comme en témoigne son éloge par Boileau dans son *Art poétique* (1674), le sonnet finit par être **oublié au cours du XVIIIᵉ siècle**.

• Il est redécouvert par les **romantiques** et devient l'une des formes fixes les plus populaires du XIXᵉ siècle. Remis à l'honneur par Sainte-Beuve et Musset, il est pratiqué par des poètes tels que Nerval ou Baudelaire. Les symbolistes eux-mêmes exploitent cette forme, comme en témoigne ce sonnet de Mallarmé :

Le vierge, le vivace et le bel aujourd'hui
Va-t-il nous déchirer avec un coup d'aile ivre
Ce lac dur oublié que hante sous le givre
Le transparent glacier des vols qui n'ont pas fui !

Un cygne d'autrefois se souvient que c'est lui
Magnifique mais qui sans espoir se délivre
Pour n'avoir pas chanté la région où vivre
Quand du stérile hiver a resplendi l'ennui.

Tout son col secouera cette blanche agonie
Par l'espace infligée à l'oiseau qui le nie,
Mais non l'horreur du sol où le plumage est pris.

Fantôme qu'à ce lieu son pur éclat assigne,
Il s'immobilise au songe froid de mépris
Que vêt parmi l'exil inutile le Cygne.

(STÉPHANE MALLARMÉ, *Poésies*, « Quelques sonnets », 1887)

3 Le sonnet contemporain

• Aujourd'hui encore, malgré la libération du vers et l'abandon progressif des formes fixes, des poètes trouvent dans le sonnet une **source d'inspiration** toujours renouvelée.

• Ainsi, dans un recueil intitulé *ε*, Jacques Roubaud invente la forme du **sonnet en prose** ou celle du **sonnet de sonnets**.

▶ **La forme du sonnet a finalement survécu aux modes poétiques et résisté à la libération formelle si bien qu'elle inspire encore les poètes contemporains.**

LA LIBÉRATION FORMELLE

▶ **Tout au long du XIXe siècle, des poètes considérant que les règles de la versification constituaient des contraintes stérilisantes ont mené une véritable révolution formelle. Ils ont contribué à libérer le vers et le poème, montrant que la poésie pouvait être partout, même dans la prose.**

1 La libération du vers

A Le vers libéré

• Certains des plus grands poètes romantiques, à commencer par Hugo, mettent en cause la versification traditionnelle. Ils proposent ainsi des scansions hardies ou des enjambements provocants. Ils s'attaquent par exemple à l'alexandrin, dont ils cherchent à contourner la séparation trop rigide en deux hémistiches égaux.

• Leurs successeurs creusent ce sillon en inventant le vers libéré. Ce dernier s'inspire du vers traditionnel, mais ne respecte pas les règles de la scansion classique et ne comporte pas de rimes au sens strict.

B Le vers libre

• Les vers libres marquent une nouvelle étape dans cet affranchissement des règles. Ils sont de longueur et de rythme très variables, et ne respectent ni les règles classiques de la versification, ni les rimes traditionnelles.

• Les vers libres conservent cependant quelques points communs avec les vers réguliers : ils jouent comme eux sur les sonorités (assonances et allitérations) et sur les rythmes (notamment par un retour régulier à la ligne, qui permet de les identifier comme des vers).

C Le verset

Le verset peut être considéré comme une évolution du vers libre : il désigne une séquence qui excède le plus souvent les limites du vers, jusqu'à occuper un paragraphe entier. Unité syntaxique des textes sacrés, dont la Bible, il se répand dans la poésie du début du XXe siècle sous la plume de poètes tels que Claudel ou Cendrars.

2 L'invention du poème en prose

Ce mouvement d'affranchissement des règles traditionnelles n'a pas seulement touché le vers : il s'est aussi étendu à l'ensemble du poème, en particulier dans ce que l'on a appelé, à la suite de Baudelaire, des **poèmes en prose**.

A Caractéristiques du poème en prose

• Le véritable inventeur du poème en prose est **Aloysius Bertrand** : son recueil *Gaspard de la nuit* (1842) est constitué d'un ensemble de textes brefs, en prose et non plus en vers (autrement dit sans retour à la ligne), mais pourtant donnés par l'auteur comme des poèmes.

• Le poème en prose **refuse donc la versification traditionnelle** (vers, rimes, strophes…) mais témoigne d'un travail particulièrement riche sur les sons (assonances et allitérations), sur les rythmes et sur les images, rejoignant en cela la poésie traditionnelle.

• Le poème en prose est relativement **difficile à identifier**, puisque sa forme ne le différencie pas directement d'une courte nouvelle. Pour le déterminer comme tel, on recherchera donc la présence de nombreux jeux sonores et rythmiques ou d'un travail de l'image particulièrement poétique.

B Distinction entre poème en prose et prose poétique

• Il ne faut pas confondre le poème en prose avec la **prose poétique**, qui s'est développée à la fin du XVIIIᵉ et au début du XIXᵉ siècle (dans les textes de Rousseau par exemple). Elle caractérise des textes en prose qui empruntent à la poésie ses procédés les plus caractéristiques (jeux sur les rythmes et les sons particulièrement riches).

• La prose poétique est un moyen d'expression, mais **ne constitue pas un genre en soi** : elle apparaît dans des récits autobiographiques et des textes à tonalité lyrique, mais ne relève pas à strictement parler de la poésie, à la différence du poème en prose.

▶ **La poésie connaît donc une évolution décisive entre le XIXᵉ et le XXᵉ siècle ; ses formes se libèrent, ses frontières avec les autres genres sont de plus en plus perméables.**

32

LA POÉSIE LYRIQUE

> Le lyrisme n'est certainement pas le seul mode d'expression de la poésie, mais il fut longtemps confondu avec elle : par ses origines musicales comme par sa vocation à dire le monde et la place qu'y occupe le poète, il constitue la quintessence de l'écriture poétique.

1 Une origine musicale

A Aux origines était la lyre

• Le nom même de la poésie lyrique dit bien son origine musicale : dans l'Antiquité grecque, la poésie lyrique était une **synthèse de parole, de danse et de musique**, le poète étant accompagné par le son de la **lyre**.

• Au Moyen Âge, les trouvères et troubadours perpétuent cette tradition : s'ils ne dansent plus, ils continuent à composer une poésie mêlant paroles et musique, qu'ils désignent eux-mêmes par le terme de **chanson**.

B Du chant à la voix

• À partir du XIVe siècle, les poètes abandonnent peu à peu l'accompagnement musical et imaginent une poésie qui se fonde sur **la seule musique de la voix**.

• Les jeux sur les sons (rimes, assonances, allitérations) et sur les rythmes (vers, accents) témoignent de cette musicalité inscrite au cœur du lyrisme, de même que la **multiplication des formes fixes** à la fin du Moyen Âge et à la Renaissance.

2 Une énonciation subjective

A L'omniprésence du je

• Outre sa dimension musicale, le lyrisme se caractérise aussi par sa **forte subjectivité** : plus que tout autre genre, il est celui où le poète dit *je*. Certains auteurs ont poussé cette logique jusqu'à donner une dimension nettement **autobiographique** à leurs poèmes. Hugo évoque ainsi la mort de sa fille Léopoldine dans *Les Contemplations*, Rimbaud puise l'inspiration de ses *Poésies* dans sa propre enfance.

• Pour autant, il ne faut pas limiter la poésie lyrique à cette dimension strictement personnelle. Lire ces poèmes comme des autobiographies serait réducteur, car ce serait passer à côté de l'**universalité lyrique**. En disant *je*, le poète ne parle pas plus de lui-même que du lecteur, voire de l'homme en général. Hugo affirme ainsi, dans la préface des *Contemplations* : « quand je vous parle de moi, je vous parle de vous », avant d'ajouter qu'un recueil de poésie lyrique contient « autant l'individualité du lecteur que celle de l'auteur ».

B L'adresse à un *tu*

• Le *je* ne va d'ailleurs pas sans un *tu* : la poésie lyrique est bien souvent **dialogique**, s'adressant explicitement à un destinataire (que son identité soit précisée ou non).

• C'est particulièrement le cas de la **lyrique amoureuse**, qui interpelle la femme ou l'homme aimé, comme Aragon dans *Les Yeux d'Elsa*.

3 Une poésie expressive

A L'expression des sentiments

• Dès le Moyen Âge, la poésie lyrique semble vouée à l'**expression des sentiments**, particulièrement amoureux. Mais c'est la révolution romantique qui consacre le lyrisme comme le genre destiné à dire les émotions personnelles.

• L'amour, la mort, la conscience du temps qui passe, la nostalgie, la solitude… sont parmi les thèmes privilégiés du lyrisme, qui s'attache à leur donner de l'authenticité en jouant sur les sentiments qu'ils provoquent.

B L'enchantement du monde

La poésie lyrique n'est cependant pas égocentrique : elle est capable de parler d'autre chose que du *moi* du poète, de s'ouvrir au monde, de dire la joie (ou la souffrance) d'appartenir à ce monde. Il ne faut donc pas lire la subjectivité lyrique comme une forme de nombrilisme, mais comme la **singularité du regard** que le poète porte sur tout ce qui l'entoure. Comme l'écrit Rimbaud, le poète est un « **voyant** » qui révèle le monde aux yeux de ses lecteurs.

▶ **La musicalité, la subjectivité de l'énonciation et l'expression des sentiments sont les trois caractéristiques fondamentales de la poésie lyrique, au-delà des variations qu'elle a pu connaître au cours de sa longue histoire, de l'Antiquité jusqu'à nos jours.**

33

FONCTIONS DE LA POÉSIE

> Outre le lyrisme, consacré à l'expression subjective des sentiments et à l'enchantement du monde (→ fiche 32), **la poésie a connu beaucoup d'autres fonctions au cours de son histoire.**

1 La poésie engagée

• La poésie engagée désigne des œuvres dans lesquelles le poète **prend position** et **met son art au service d'une cause** (qu'elle soit politique, morale, sociale...). Le poète engagé défend, dénonce, révèle, témoigne dans le but d'éveiller les consciences et de pousser à l'action.

• Le plus souvent, la poésie engagée apparaît dans des contextes de **tensions politiques** : Agrippa d'Aubigné écrit *Les Tragiques* (1616) pour dénoncer les exactions commises par les catholiques durant les guerres de religion, Hugo compose *Les Châtiments* (1853) pour défendre la démocratie contre le régime autoritaire de Napoléon III, Éluard publie l'anthologie intitulée *L'Honneur des poètes* (1943) pour prendre le parti de la Résistance contre l'oppression allemande.

• Mais, plus largement, la poésie engagée englobe tout texte poétique manifestant une dimension contestataire ou polémique. Ainsi, le genre de la **satire**, qui critique les défauts des hommes et dénonce leurs ridicules, relève à bien des égards de la poésie engagée. Lorsque Verlaine écrit « Monsieur Prudhomme » (dans ses *Poèmes saturniens*), il ne cherche pas seulement à faire rire son lecteur, mais vise aussi à dénoncer l'ordre social établi et le bon goût bourgeois.

2 La poésie didactique

• La poésie peut aussi avoir pour fonction de **délivrer un enseignement** : on parle alors de **poésie didactique**. C'est le cas, presque exemplairement, des *Fables* de La Fontaine, qui mettent les ressources de l'écriture poétique au service d'un enseignement porté par la morale.

• La poésie didactique n'est pas seulement morale : elle peut être **philosophique**, comme lorsque Voltaire écrit le *Poème sur le désastre de Lisbonne* (1756) pour critiquer la doctrine philosophique de l'optimisme. Elle peut aussi être **scientifique**, comme l'indique le titre de l'*Ode sur les causes physiques des tremblements de terre* écrite par Lebrun (1756).

• Enfin, l'objet de la poésie didactique peut être la poésie elle-même, lorsqu'il s'agit d'en définir les règles et principes. C'est le rôle dévolu aux **arts poétiques**, véritables traités pratiques, manuels de composition en prose ou en vers. Ainsi du célèbre *Art poétique* de Boileau :

> N'offrez rien au lecteur que ce qui peut lui plaire.
> Ayez pour la cadence une oreille sévère :
> Que toujours dans vos vers, le sens, coupant les mots,
> Suspende l'hémistiche, en marque le repos.
>
> (NICOLAS BOILEAU, *Art poétique*, 1674)

3 Une fonction strictement esthétique

• La poésie didactique fut cependant souvent critiquée, en particulier par ceux qui considéraient qu'elle détourne la poésie de son **véritable objet**, comme Baudelaire :

> La poésie ne peut pas, sous peine de mort et de défaillance, s'assimiler à la science ou à la morale ; elle n'a pas la Vérité pour objet, elle n'a qu'Elle-même.
>
> (BAUDELAIRE, Préface aux *Nouvelles Histoires extraordinaires* de Poe, 1857)

• Ainsi, certains poètes ont défendu l'idée que la poésie n'avait pour seule fin que la recherche de la **beauté formelle**. Sa fonction ne peut alors être qu'esthétique : comme l'affirme Gautier dans un poème intitulé « L'Art », seule la beauté formelle résiste à l'oubli.

> Tout passe. – L'art robuste
> Seul a l'éternité.
>   Le buste
> Survit à la cité.
>
> (THÉOPHILE GAUTIER, « L'Art », *Émaux et Camées*, 1852)

> Ainsi, la poésie a rempli des fonctions très diverses au cours des siècles, au point d'être parfois investie de missions contradictoires : la poésie est-elle une fin en soi, ou n'est-elle qu'un moyen au service d'une cause ?

34

DU ROMANTISME AU SURRÉALISME

> L'histoire de la poésie du romantisme au surréalisme, de 1820 à 1940, est faite de révolutions et de réactions successives.

1 La poésie romantique

A Le mage romantique

• Au début du XIXᵉ siècle, le mouvement romantique provoque une véritable révolution poétique : sous la conduite de Lamartine, Hugo, Musset ou Vigny, la poésie connaît un renouveau lyrique sans précédent.

• La subjectivité du poète prend une place plus importante, et lui permet de voir des réalités inaccessibles aux autres humains. Le poète devient alors ce « mage » investi d'une mission presque sacrée que décrit Hugo dans le poème intitulé « La Fonction du poète » (*Les Rayons et les Ombres*, 1840) :

> C'est lui qui sur toutes les têtes,
> En tout temps, pareil aux prophètes,
> Dans sa main, où tout peut tenir,
> Doit, qu'on l'insulte ou qu'on le loue,
> Comme une torche qu'il secoue,
> Faire flamboyer l'avenir !

• Du point de vue du style, les poètes romantiques recherchent une plus grande simplicité, par exemple en usant parfois d'un vocabulaire plus prosaïque, ou en assouplissant les règles les plus strictes de la versification.

B Le poète maudit

La seconde génération romantique, celle des Gautier, Nerval ou Baudelaire, est marquée par une sorte de désenchantement : ils ne croient plus au caractère sacré de la poésie, et consacrent la naissance du « poète maudit », figure qui exprime l'isolement social de l'artiste. Baudelaire le compare même, dans *Les Fleurs du Mal* (1857), à un « albatros » qui se trouve « exilé sur le sol au milieu des huées ».

2 Le Parnasse et le symbolisme

A Le Parnasse

En réaction contre le prosaïsme romantique et l'engagement politique de leurs glorieux aînés, les Parnassiens s'adonnent au culte de la **beauté pure** et de l'Art pour l'Art. Ils inventent ainsi une poésie **très formelle**, aux thèmes éternels empruntés à l'Antiquité ou aux légendes. Alors que les romantiques voulaient un art ancré dans son temps, les Parnassiens tournent volontairement le dos à leur époque.

B Le symbolisme

• Avec le Parnasse, les symbolistes partagent l'idée que la poésie ne doit pas dire le monde tel qu'il est, dans sa laideur et son prosaïsme, mais doit viser une **beauté idéale** éloignée de toute réalité. Le symbolisme s'oppose donc au triomphe de la science et au naturalisme romanesque.

• Mais le symbolisme est aussi une réaction contre les excès formalistes du Parnasse : Verlaine, Rimbaud et Mallarmé défendent, dans les années 1870-1880, une poésie fondée sur l'art de la **suggestion** et du **symbole**, et non pas sur le respect rigoureux de la versification. L'**image**, qu'elle soit métaphore ou comparaison, est au centre de la poésie symboliste. Celle-ci repose aussi sur une **nouvelle forme de musicalité**, qu'illustre tout particulièrement l'invention du vers libre.

3 Le surréalisme

• Né à la fin de la première guerre mondiale, le surréalisme s'inspire de Rimbaud et d'Apollinaire pour créer une poésie originale, dans ses thèmes comme dans ses formes.

• Breton, Aragon et Éluard, pour ne citer que les poètes surréalistes les plus célèbres, fondent leur pratique poétique sur l'**image**, véritable révélateur de la **surréalité** qu'ils cherchent à représenter.

• Par des jeux collectifs, comme le cadavre exquis, ou par la pratique de l'écriture automatique, ils tentent de produire une poésie dictée par l'**inconscient**, qui aurait accès à une **réalité supérieure**, celle du **rêve** et de l'**hypnose**. Ils écrivent ainsi des poèmes novateurs, qui font preuve d'une grande liberté formelle.

▶ **Du mage romantique à l'expérimentateur surréaliste, en passant par le poète maudit ou le Parnassien idéaliste, le poète s'est vu attribuer des missions très différentes aux XIXe et XXe siècles.**

BILAN EXPRESS
LA POÉSIE DU XIXᵉ AU XXᵉ SIÈCLE

▶ Cinq points clés

• Le poème se caractérise d'abord comme un jeu sur la langue. Qu'il soit sonnet ou poème en prose, qu'il comporte des vers réguliers ou des vers libres, il faut être sensible à la façon dont il fait de la musique à partir des mots.

• Mais il ne faut pas pour autant négliger ce que dit le poème : il faut être attentif aux thèmes abordés, voire aux idées véhiculées, que l'on peut identifier par une analyse précise des champs lexicaux ou des images, qui sont au fondement même de l'écriture poétique.

• La poésie peut remplir diverses fonctions : elle peut exprimer des sentiments (poésie lyrique), mais aussi raconter, décrire, dénoncer, tourner en dérision, enseigner…

• Ainsi, le poète est doté de diverses missions, qui ont évolué au cours du temps : pour les romantiques, il est un « mage » qui guide le peuple ; mais il peut aussi être ce « poète maudit » au ban de la société, ou un « voyant » qui révèle au lecteur les beautés cachées du monde…

• Entre 1820 et 1940, du romantisme au surréalisme, la poésie a connu des évolutions décisives, tant formelles que thématiques.

▶ Cinq citations

J'ai disloqué ce grand niais d'alexandrin.

(VICTOR HUGO, « Quelques mots à un autre », *Les Contemplations*, 1856)

▶ Hugo et les romantiques amorcent la libération formelle, notamment en s'émancipant de la scansion traditionnelle de l'alexandrin, devenue caricaturale. Cet alexandrin lui-même ignore l'habituelle séparation en deux hémistiches égaux pour favoriser le modèle du trimètre romantique (4/4/4).

De la musique avant toute chose / Et pour cela préfère l'Impair / Plus vague et plus soluble dans l'air / Sans rien en lui qui pèse ou qui pose.

(PAUL VERLAINE, « Art poétique », *Jadis et naguère*, 1884)

▶ La poésie est d'abord et avant tout musicale : c'est ce qui la distingue des autres genres littéraires. Or la musique verbale peut s'obtenir par des moyens nouveaux pour les poètes symbolistes, y compris les vers impairs, jusque là délaissés.

> Je veux être poète, et je travaille à me rendre voyant […]. Il s'agit d'arriver à l'inconnu par le dérèglement de tous les sens.
>
> (Arthur Rimbaud, « Lettre à Georges Izambard », 13 mai 1871)

▶ La poésie a pour mission de révéler le monde aux yeux du lecteur : le poète voit la réalité qui l'entoure sous un jour nouveau, car il rompt avec les habitudes et invente de nouvelles formes.

> *Nommer* un objet, c'est supprimer les trois quarts de la jouissance du poème qui est faite de deviner peu à peu : le suggérer, voilà le rêve. C'est le parfait usage de ce mystère qui constitue le symbole.
>
> (Stéphane Mallarmé, *Enquête sur l'évolution littéraire*, 1891)

▶ La poésie symboliste s'oppose au réalisme en ce qu'elle consiste à suggérer les choses au lieu de les dire explicitement. Ainsi, le poème symboliste détient une part de mystère : il ne se donne pas à lire facilement et doit être décodé par le lecteur pour qu'advienne la révélation du sens.

> Le poète à venir surmontera l'idée déprimante du divorce inséparable de l'action et du rêve.
>
> (André Breton, *Les Vases communicants*, 1932)

▶ La poésie surréaliste se nourrit aux rêves de l'inconscient, mais elle croit aussi dans la possibilité d'influencer, voire d'améliorer la réalité : elle est en même temps « rêve » et « action ».

▶ Cinq œuvres majeures

- Victor Hugo, *Les Contemplations*, 1856 : un des sommets du lyrisme romantique.
- Charles Baudelaire, *Les Fleurs du Mal*, 1857 : l'invention de la modernité poétique.
- Paul Verlaine, *Poèmes saturniens*, 1866 : la musique verlainienne, encore inégalée.
- Arthur Rimbaud, *Illuminations* (poèmes écrits entre 1872 et 1875) : les fulgurances d'un poète qui invente une poésie radicalement nouvelle.
- Paul Éluard, *Capitale de la douleur*, 1926 : un des recueils les plus aboutis de la poésie surréaliste.

L'ARGUMENTATION AUX XVIIe ET XVIIIe SIÈCLES

▶ On peut adopter des stratégies très diverses pour convaincre un auditeur ou un lecteur. Multiplier les exemples ou proposer un syllogisme rigoureux, favoriser l'argumentation directe ou préférer une approche indirecte, user de la concession ou d'un argument d'autorité... Les ressources offertes par les genres et les formes de l'argumentation sont très variées. C'est ce que montre exemplairement l'étude des œuvres des XVIIe et XVIIIe siècles, période au cours de laquelle les débats d'idées ont donné naissance à des textes argumentatifs de première importance.

1 Les composantes de l'argumentation

Il s'agit d'abord de déterminer les spécificités du texte argumentatif, qui le distinguent du texte informatif, narratif ou descriptif.

• On commencera par étudier les fonctions de l'argumentation : on dit souvent qu'un texte argumentatif cherche à **démontrer** quelque chose, à **convaincre** ou à **persuader** quelqu'un ; mais quelles différences peut-on faire entre ces trois objectifs ? C'est ce que nous verrons dans la fiche 37.

• On observera ensuite la façon dont un texte argumentatif est construit en étudiant le **circuit argumentatif** : la fiche 38 distinguera en effet le thème, la thèse, l'argument et l'exemple, puis montrera comment ces éléments peuvent se combiner dans une argumentation donnée.

• Enfin, on évoquera quelques-unes des méthodes que le texte argumentatif peut adopter pour tenter de convaincre ou de persuader son destinataire. Les arguments logiques sont-ils les seuls efficaces ? Peut-on faire preuve de mauvaise foi dans une argumentation ? Y a-t-il des moyens de prendre en compte la thèse adverse ? Telles sont les questions qu'abordera la fiche 39, consacrée aux **stratégies argumentatives**.

2 Argumentation directe ou indirecte ?

• L'argumentation directe énonce explicitement la thèse qu'elle défend, avance des arguments et des exemples pour convaincre le destinataire de son bien-fondé. Elle a l'avantage de la clarté et de la rigueur, mais elle peut parfois paraître aride ou abstraite. Un essai ou un pamphlet est en effet moins divertissant qu'un roman ou qu'un poème ! Nous définirons les genres de l'**argumentation directe** et leurs caractéristiques principales dans la fiche 40.

• L'argumentation indirecte défend sa thèse de façon plus implicite, en passant par le détour d'une histoire ou d'un portrait par exemple. Le destinataire est censé interpréter le texte qu'il vient de lire pour en expliciter la visée argumentative. Cette approche a l'avantage d'être nettement plus plaisante (on préfère généralement recevoir une leçon sous la forme d'une petite histoire !), mais elle est aussi plus ambiguë. Nous définirons les genres de l'**argumentation indirecte** et leurs caractéristiques principales dans la fiche 41.

3 L'argumentation aux XVIIe et XVIIIe siècles

• Enfin, il s'agit d'étudier l'argumentation (directe ou indirecte) dans le contexte des XVIIe et XVIIIe siècles. Cette période fut en effet particulièrement fertile en débats d'idées (artistiques, politiques, philosophiques…) et donna naissance à de nombreux textes argumentatifs regardés aujourd'hui encore comme des chefs-d'œuvre de la littérature d'idées.

• Ainsi, le XVIIe siècle a développé de nouveau genres argumentatifs. En particulier dans les domaines religieux et moraux, les écrivains du classicisme ont tenté de produire des formes aptes à transmettre leurs idées et à toucher le public de leur temps.

• Quant au **siècle des Lumières**, il fut celui des philosophes, qui s'intéressèrent à de nombreux sujets et dénoncèrent les errements de la religion, les abus de la monarchie absolue, les scandales de la peine de mort, de l'esclavage ou du fanatisme…

DÉMONTRER, CONVAINCRE, PERSUADER

▶ **Il existe plusieurs façons d'emporter l'adhésion du destinataire dans un texte argumentatif.**

1 Démontrer

> Il me paraît démontré que les bêtes ne peuvent être de simples machines ; voici ma preuve. Dieu leur a fait précisément les mêmes organes de sentiment que les nôtres ; donc, s'ils ne sentent point, Dieu a fait un ouvrage inutile ; or Dieu, de votre aveu même, ne fait rien en vain ; donc il n'a point fabriqué tant d'organes de sentiment pour qu'il n'y eût point de sentiment ; donc les bêtes ne sont point de pures machines.
>
> (VOLTAIRE, *Lettres philosophiques*, 1734)

• Lorsqu'on démontre une thèse, on en **prouve la véracité** par des éléments irréfutables. La démonstration est rationnelle et logique ; ses conclusions sont indiscutables.

• Un texte qui cherche à démontrer est reconnaissable à :
– son **apparence généralement objective** : le locuteur s'efface, parce qu'il ne défend pas une opinion personnelle et subjective, mais expose une vérité qui a force de loi ;
– son **raisonnement logique**, dont la cohérence est explicite : la démonstration s'appuie sur un raisonnement déductif ; ici, Voltaire emploie une forme de syllogisme (→ fiche 39) ;
– ses nombreux **mots de liaison**, qui marquent le caractère logique et rationnel de la démonstration.

2 Convaincre

> C'est une dangereuse invention que celle de la torture, et il me semble que c'est une épreuve de force, plutôt qu'une épreuve de vérité. Ainsi celui qui peut la supporter cache la vérité, comme celui qui n'en est pas capable. En effet, pourquoi la douleur me ferait-elle avouer mes fautes, plus qu'elle ne me contraindrait à dire ce qui n'existe pas ?
>
> (MICHEL DE MONTAIGNE, *Essais*, 1580-1588)

• Lorsqu'on convainc quelqu'un, on l'amène à **reconnaître rationnellement** que l'opinion que l'on défend est vraie. La différence avec la démonstration est que la thèse n'est pas irréfutable.

• Un texte qui cherche à convaincre est reconnaissable à :
– la présence d'**arguments** et d'**exemples** à l'appui de la thèse ;
– l'emploi de **raisonnements logiques**, déductifs ou inductifs, qui s'appuient sur des mots de liaison (« ainsi », « en effet ») ;
– la prise en compte de la **thèse adverse**, que l'on cherche à réfuter ; ici, Montaigne s'oppose explicitement à ceux qui défendent la torture comme moyen de forcer les accusés à avouer leur culpabilité.

3 Persuader

> Nous venons, écrivains, peintres, sculpteurs, architectes, amateurs passionnés de la beauté jusqu'ici intacte de Paris, protester de toutes nos forces, de toute notre indignation, au nom du goût français méconnu, au nom de l'art et de l'histoire français menacés, contre l'érection, en plein cœur de notre capitale, de l'inutile et monstrueuse tour Eiffel, que la malignité publique, souvent empreinte de bon sens et d'esprit de justice, a déjà baptisée du nom de « tour de Babel ».
>
> (« LES ARTISTES CONTRE LA TOUR EIFFEL », *Le Temps*, 14 février 1887)

• Lorsqu'on persuade quelqu'un, on l'amène à **reconnaître sentimentalement** que l'opinion que l'on défend est vraie. La persuasion ne s'appuie donc pas sur des arguments logiques, mais fait appel à l'**émotion** du destinataire.
• Un texte qui cherche à persuader est reconnaissable à :
– la volonté d'**impliquer le destinataire**, soit par les moyens énonciatifs traditionnels (apostrophe, interrogations…), soit par le recours à l'émotion (registres pathétique ou comique par exemple) ;
– l'usage de nombreux **procédés** et **figures de style**, pour séduire le destinataire par un discours attrayant ;
– l'absence de véritable argument, auquel se substituent des **jugements subjectifs** ; ici, les « artistes » critiquent la tour Eiffel, mais ne donnent pas d'argument logique contre sa construction.

▶ **Pour démontrer, ou convaincre, ou persuader, l'argumentation n'utilise donc pas les mêmes procédés stylistiques ou énonciatifs, ni les mêmes arguments.**

38

LE CIRCUIT ARGUMENTATIF

> ▶ Le circuit argumentatif permet de reconstituer l'agencement de la thèse, des arguments et des exemples.

1 Les éléments du texte argumentatif

Un texte argumentatif se compose de différents éléments, qu'il faut savoir distinguer.

• Le **thème** est le sujet de l'argumentation ; c'est la question à laquelle le locuteur va répondre à travers sa thèse.

• La **thèse** est la proposition que défend le locuteur (que ce soit l'auteur du texte ou un personnage fictif) ; elle constitue l'idée fondamentale du texte, dont il s'agit de convaincre ou de persuader le destinataire. On distingue plus précisément la **thèse soutenue** (celle que défend le locuteur) et la **thèse rejetée** (celle que défendent ses adversaires et que le locuteur cherche à réfuter).

• L'**argument** est une proposition donnée comme vraie, qui permet au locuteur de prouver le bien-fondé de sa thèse ou de réfuter la thèse adverse (on parle, dans ce cas, de **contre-argument**).

• L'**exemple** est un élément concret, qui vient illustrer l'argument pour convaincre le destinataire de façon plus complète. Il permet de soumettre la thèse et les arguments à l'épreuve de faits avérés.

2 Un exemple de circuit argumentatif

Le réaliste, s'il est un artiste, cherchera, non pas à nous montrer la photographie banale de la vie, mais à nous en donner la vision plus complète, plus saisissante, plus probante que la réalité même.

Raconter tout serait impossible, car il faudrait alors un volume au moins par journée, pour énumérer les multitudes d'incidents insignifiants qui emplissent notre existence.

Un choix s'impose donc, – ce qui est une première atteinte à la théorie de toute la vérité.

La vie, en outre, est composée des choses les plus différentes, les plus imprévues, les plus contraires, les plus disparates ; elle est brutale, sans suite, sans chaîne, pleine de catastrophes inexplicables, illogiques et contradictoires qui doivent être classées au chapitre *faits divers*.

> Voilà pourquoi l'artiste, ayant choisi son thème, ne prendra dans cette vie encombrée de hasards et de futilités que les détails caractéristiques utiles à son sujet, et il rejettera tout le reste, tout l'à-côté.
>
> Un exemple entre mille :
>
> Le nombre des gens qui meurent chaque jour par accident est considérable sur la terre. Mais pouvons-nous faire tomber une tuile sur la tête d'un personnage principal, ou le jeter sous les roues d'une voiture, au milieu d'un récit, sous prétexte qu'il faut faire la part de l'accident ?
>
> (GUY DE MAUPASSANT, « Le Roman », préface de *Pierre et Jean*, 1887)

● Ce texte, dont le **thème** est **le roman réaliste**, peut être schématisé sous la forme du circuit argumentatif suivant :

Para-graphes	Statut	Reformulation
1	Thèse soutenue	Le réalisme ne cherche pas à reproduire ou à imiter la réalité, il cherche à faire plus vrai que le vrai.
2	Argument 1	Le roman réaliste ne raconte pas tout ce qui se passe dans la réalité, car ce serait beaucoup trop long. Il ne dit donc pas toute la vérité.
3 et 4	Argument 2	L'existence réelle est irrationnelle, car elle est livrée au hasard ; au contraire, le roman réaliste doit ne choisir que les éléments qui s'inscrivent dans le déroulement logique de l'intrigue.
5 et 6	Exemple de l'argument 2	Ce n'est pas parce qu'il y a beaucoup d'accidents mortels dans la vie réelle, que le héros d'un roman réaliste doit disparaître de cette façon.

▶ **Il faut donc analyser avec précision la façon dont un texte argumentatif est construit pour comprendre ses enjeux.**

LES STRATÉGIES ARGUMENTATIVES

> **Pour convaincre son destinataire, le locuteur peut adopter des stratégies très diverses.**

1 Employer des raisonnements logiques

Lorsqu'on cherche à convaincre son destinataire, plus encore quand on veut démontrer une thèse, on s'appuie sur des arguments rationnels et logiques.

• Le **raisonnement par induction** part de l'exemple et des faits particuliers pour parvenir à la vérité générale.

• Le **raisonnement par déduction** procède de façon inverse : il part d'une vérité générale pour justifier une conclusion particulière.

• Le **syllogisme** est un cas particulier du raisonnement déductif ; il fonde une conclusion apparemment irréfutable sur deux propositions données comme vraies, les prémisses. C'est le cas de ce célèbre syllogisme : « Tous les hommes sont mortels [prémisse majeure] ; **or** Socrate est un homme [prémisse mineure] ; **donc** Socrate est mortel [conclusion]. »

2 S'appuyer sur des arguments d'autorité

• Pour soutenir son argumentation, on peut citer les propos d'une personnalité ou un passage d'un ouvrage dont tout le monde reconnaît l'autorité dans le domaine en question : on parle alors d'un **argument d'autorité**.

• L'argument d'autorité peut aussi prendre la forme d'un **proverbe** ou d'un lieu commun, dans la mesure où ils sont censés être l'expression d'une sagesse partagée par tous.

3 Utiliser des arguments de mauvaise foi

• On peut tenter de persuader son destinataire en recourant à des arguments de mauvaise foi. Ils n'ont pas de valeur logique, mais donnent une **apparence** rationnelle au discours. Ce sont donc de **faux arguments**, qui permettent de dissimuler la faiblesse de l'argumentation.

• Parmi ces arguments de mauvaise foi, on peut distinguer :
– le **prétexte**, qui invoque une raison inventée pour justifier une décision ou un comportement ; c'est par exemple ce que fait le loup dans la fable de La Fontaine intitulée « Le Loup et l'Agneau » : il prend prétexte du fait que l'agneau le gêne en

buvant dans la même rivière que lui pour justifier sa décision de le dévorer ;

– la **tautologie**, un raisonnement sans fondement, qui se contente de répéter la même idée et relève donc de l'évidence ; ce slogan publicitaire pour la loterie nationale est un exemple de tautologie : « 100% des gagnants ont tenté leur chance » ;

– l'**argument** *ad hominem*, qui consiste à discréditer la personne de l'adversaire plutôt que ses propos et ses arguments. Réfuter les arguments de Rousseau sur l'éducation en arguant du fait qu'il a abandonné ses enfants relève d'un argument *ad hominem*.

4 Prendre en compte la thèse adverse

Une autre stratégie possible consiste à tenir compte des arguments de l'adversaire et à les intégrer dans son raisonnement. Il existe plusieurs façons de le faire.

• Le **raisonnement concessif** permet de donner raison à l'adversaire sur quelques points, avant de réfuter l'essentiel de son argumentation, comme dans l'exemple suivant : *il a certes des facilités, mais il est encore loin de rivaliser avec les meilleurs*.

• Le **raisonnement par l'absurde** fait mine d'adopter la thèse adverse pour en tirer par déduction des conséquences ridicules ; cela permet au locuteur de montrer que l'idée de départ, autrement dit la thèse adverse, est illogique.

• L'**ironie** prend aussi en compte la thèse adverse : elle feint d'adopter les arguments de l'adversaire pour mieux les tourner en dérision ; c'est par exemple ce que fait Montesquieu dans le passage de *L'Esprit des lois* intitulé « De l'esclavage des nègres » : il fait semblant de défendre les positions esclavagistes, pour mieux les dénoncer.

▶ **Les stratégies argumentatives sont très variées ; il faut savoir les repérer, mais aussi pouvoir dire en quoi elles sont adaptées à la thèse défendue par le texte.**

▶ **Dans la littérature d'idées des XVIIᵉ et XVIIIᵉ siècles, l'argumentation directe peut prendre plusieurs formes, à commencer par l'essai.**

1 L'essai

• L'essai est un texte argumentatif en prose dans lequel l'auteur expose directement son point de vue, et le défend à l'aide d'arguments et d'exemples. C'est Montaigne qui invente le genre au XVIᵉ siècle : ses *Essais* sont une œuvre foisonnante, sans ordre apparent, parcourue de digressions.

• Au XVIIᵉ siècle, l'essai prend une dimension plus objective et une apparence plus rigoureuse ; lorsqu'il vise à l'exhaustivité, il se rapproche du traité. L'essai se diversifie en de nombreux sous-genres, tels que discours, dialogues, conversations, lettres, dissertations…

• L'essai connaît un développement considérable au XVIIIᵉ siècle : il est l'un des genres privilégiés par les philosophes des Lumières pour critiquer les dogmes religieux et politiques. C'est le cas par exemple de Montesquieu avec *De l'esprit des lois* (1748). Ses sous-genres continuent à se développer : Diderot compose des dialogues philosophiques, comme *Le Rêve de d'Alembert* (1769), Rousseau écrit des discours, tels que le *Discours sur l'origine et les fondements de l'inégalité parmi les hommes* (1755).

2 Les genres polémiques

• Le pamphlet est un écrit bref qui met en jeu le registre polémique et peut prendre des formes très diverses. Très courant au XVIIᵉ siècle, notamment lors de la Fronde pour attaquer le cardinal Mazarin, le pamphlet est encore bien vivace au XVIIIᵉ siècle, par exemple chez Voltaire.

• La satire vise à dénoncer les vices des hommes ; sa tonalité est plus moqueuse que celle du pamphlet. Strictement poétique à l'origine, elle peut prendre des formes très variables au XVIIᵉ siècle, des comédies de Molière aux fables de La Fontaine. Au XVIIIᵉ siècle, elle est directement liée à l'usage de l'ironie, par exemple dans les œuvres de Voltaire.

3 L'éloquence religieuse

• Au XVIIe siècle, l'éloquence religieuse fait entrer des genres bien particuliers dans le champ littéraire de l'argumentation directe ; c'est le cas des **sermons**, discours prononcés en chaire pour instruire les croyants. Ceux de Bossuet sont restés comme des modèles du genre.

• L'éloquence religieuse n'est pas réservée à la pratique orale : elle a donné lieu à une importante **production écrite**, visant à défendre les valeurs chrétiennes. C'est par exemple le cas des *Pensées* de Pascal (publication posthume en 1670), fragments d'une *Apologie de la religion chrétienne* jamais achevée.

4 La littérature morale

Le classicisme voit aussi se développer une réflexion morale qui s'incarne dans des formes particulières : La Rochefoucauld compose ainsi un recueil de *Maximes* (1665-1678), brèves sentences formulant des généralités morales à valeur universelle. Le genre connut un grand succès jusqu'au XVIIIe siècle, au cours duquel Vauvenargues composa son propre recueil de *Maximes* (1746).

5 L'argumentation dans les autres genres littéraires

L'argumentation directe peut aussi se retrouver dans des genres qui ne lui sont pas explicitement consacrés.

• Des passages de **romans** peuvent donner lieu à de véritables argumentations, par exemple dans le discours des personnages : c'est le cas des *Lettres Persanes* de Montesquieu (1721).

• Au **théâtre**, les monologues délibératifs des personnages ont une évidente dimension argumentative : on pense par exemple aux stances de Rodrigue dans *Le Cid* (1637) ou au long monologue de Figaro dans *Le Mariage de Figaro* (1784).

• La **poésie** peut elle aussi abriter une argumentation directe, par exemple dans le cadre de la poésie engagée ou didactique (→ fiche 33).

▶ Ainsi, l'argumentation directe s'incarne, aux XVIIe et XVIIIe siècles, dans des genres très variés ; elle s'empare de thèmes très divers, empruntés à tous les domaines de la vie intellectuelle.

L'ARGUMENTATION INDIRECTE AUX XVIIe ET XVIIIe SIÈCLES

> De nombreux auteurs, aux xviie et xviiie siècles, préfèrent défendre leurs thèses par une argumentation indirecte. Ils racontent une histoire fictive, souvent invraisemblable, pour délivrer un enseignement à leurs lecteurs.

1 La fable

• Le genre a été inventé dans l'Antiquité, par des auteurs tels que le grec **Ésope** ou le latin **Phèdre**. Le récit, généralement en prose, illustre un **enseignement moral** parfois explicite, parfois implicite. C'est alors au lecteur de dégager le sens de l'histoire qu'il vient de lire.

• Dans la littérature française du xviie siècle, c'est **La Fontaine** qui donne ses lettres de noblesse à la fable (qu'il appelle aussi un « apologue »). Il s'inspire des histoires racontées par ses prédécesseurs, mais les met en vers et les développe pour les rendre plus attrayantes. Au xviiie siècle, le genre continue à remporter un certain succès, puisque **Florian** publie ses propres *Fables* en 1792.

2 Le conte

Le conte naît lui aussi dans l'Antiquité, mais c'est à la fin du xviie siècle qu'il connaît un succès retentissant dans la littérature française.

A Perrault et le conte merveilleux

• **Perrault** publie à partir de 1694 des histoires qui consacrent la vogue du **conte merveilleux** : ces récits relativement brefs rapportent des événements surnaturels et mettent en scène des **personnages imaginaires** (fées, ogres, animaux dotés de pouvoirs magiques...).

• Ils ont pour vocation de distraire le public mondain, mais aussi de délivrer un **enseignement moral**. Aussi les contes sont-ils suivis de brèves moralités qui explicitent la leçon (souvent ambiguë) à tirer du récit.

B Voltaire et le conte philosophique

• Au cours du xviiie siècle, le genre est renouvelé par l'invention du conte philosophique. Voltaire reproche au conte merveilleux de ne délivrer aucun enseignement digne de ce nom : il imagine alors des histoires dotées d'une véritable ambition philosophique.

• Dans *Zadig* (1747), Voltaire met une fiction orientale au service d'une délibération politique. Avec *Micromégas* (1752), il mêle exposé scientifique et réflexion morale. Dans *Candide* (1759), il critique le système optimiste du philosophe allemand Leibniz. Quant à *L'Ingénu* (1767), c'est l'occasion de remettre en cause le bien-fondé de conceptions morales ou religieuses.

3 Les autres genres de l'argumentation indirecte

Si la fable et le conte (qu'il soit merveilleux ou philosophique) sont les principales formes de l'argumentation indirecte aux XVIIᵉ et XVIIIᵉ siècles, d'autres genres relèvent de ce principe.

• L'**utopie** est un récit qui décrit une société idéale. Véritable fiction politique, elle est pour l'auteur un moyen d'exposer ses conceptions tout en critiquant indirectement la société réelle. Née au XVIᵉ siècle sous la plume de l'anglais Thomas More, l'utopie se répand en France aux XVIIᵉ et XVIIIᵉ siècles, comme genre à part entière ou comme épisode dans un récit plus vaste. Ainsi, l'Eldorado de *Candide* (1759) ou les Troglodytes des *Lettres persanes* de Montesquieu (1721) constituent de véritables utopies.

• La **parabole** est à l'origine un récit imagé qui, dans les livres saints tels que la Bible, permet d'illustrer un enseignement religieux. Elle est un des moyens de persuader l'auditoire pour l'éloquence religieuse, en particulier au XVIIᵉ siècle.

• Il peut arriver que l'argumentation indirecte emprunte un détour autre que le récit pour défendre sa thèse. Ainsi, on peut considérer le **portrait** comme l'une des ressources de l'argumentation indirecte : à travers les portraits caricaturaux de ses *Caractères* (1688), La Bruyère dénonce les défauts des hommes et fait œuvre de moraliste.

▶ Si les formes de l'argumentation sont très diverses aux XVIIᵉ et XVIIIᵉ siècles, elles ont toutes en commun de vouloir plaire au lecteur pour mieux l'instruire.

42

BILAN EXPRESS
L'ARGUMENTATION

▶ Cinq points clés

• Pour étudier un texte argumentatif, il faut repérer la thèse qu'il défend, les exemples et arguments qu'il avance, les stratégies qu'il adopte et le schéma qu'il suit.

• L'argumentation directe défend une thèse à l'aide d'arguments et d'exemples explicites. Elle peut prendre la forme de l'essai, du discours, du dialogue, du pamphlet…

• L'argumentation indirecte défend une thèse par l'intermédiaire d'un récit, plus rarement d'une description ou d'un portrait. Elle prend essentiellement la forme de la fable et du conte, merveilleux ou philosophique.

• L'argumentation au XVIIᵉ siècle a pris des voies très diverses : elle relève aussi bien de l'éloquence religieuse que de la littérature morale, des pamphlets politiques que des fables ou des contes merveilleux.

• Au XVIIIᵉ siècle, les philosophes des Lumières ont utilisé l'essai aussi bien que le conte philosophique ou l'utopie pour défendre leurs thèses et dénoncer les abus politiques, religieux ou sociaux de leur époque.

▶ Cinq citations

Les passions sont les seuls orateurs qui persuadent toujours. Elles sont comme un art de la nature dont les règles sont infaillibles ; et l'homme le plus simple qui a de la passion persuade mieux que le plus éloquent qui n'en a point.

(LA ROCHEFOUCAULD, *Maximes*, 8, 1678)

▶ La force de la persuasion, lorsqu'elle se fonde sur l'engagement passionnel de l'orateur, l'emporte sur le discours rationnel et son pouvoir de conviction.

La vraie éloquence se moque de l'éloquence, la vraie morale se moque de la morale.

(PASCAL, *Pensées*, 4, 1670)

▶ Pour convaincre, il ne suffit pas d'appliquer des principes rhétoriques ou de se conformer aux manuels d'éloquence.

C'est la vérité qui emporte l'adhésion, plus que la forme sous laquelle on la dit.

> Je ne doute point, Monseigneur, que vous ne regardiez favorablement des inventions si utiles et tout ensemble si agréables ; car que peut-on souhaiter davantage que ces deux points ?
>
> (La Fontaine, *Fables*, « À Monseigneur le Dauphin », 1668)

▶ Les fables sont conformes à la doctrine classique héritée du poète latin Horace : la littérature doit instruire et plaire en même temps (*docere et placere*).

> [Ces contes] renferment tous une Morale très sensée, et qui se découvre plus ou moins, selon le degré de pénétration de ceux qui les lisent.
>
> (Perrault, *Histoires ou Contes du temps passé*, « À Mademoiselle », 1697)

▶ Les contes et plus généralement les genres de l'argumentation indirecte nécessitent une lecture active, qui cherche à trouver la morale plus ou moins dissimulée dans le récit.

> Il faut être très court, et un peu salé, sans quoi les ministres et madame de Pompadour, les commis et les femmes de chambre, font des papillotes du livre.
>
> (Voltaire, « Lettre à Moultou », 5 janvier 1763)

▶ Pour convaincre le plus grand public, il faut préférer l'argumentation indirecte, les textes brefs et divertissants.

▶ Cinq œuvres majeures

- **Jean de La Fontaine**, *Fables*, 1693 : le modèle de l'apologue et de l'argumentation indirecte, souvent plus complexe que l'image qu'en ont les enfants.
- **Charles Perrault**, *Contes*, 1697 : des contes merveilleux devenus célèbres, et dotés de moralités galantes… bien peu morales.
- *Encyclopédie*, sous la direction de **Diderot et d'Alembert**, 1751-1780 : une forme originale de l'argumentation directe au XVIIIe siècle, et le monument de la pensée des Lumières.
- **Rousseau**, *Discours sur l'origine et les fondements de l'inégalité parmi les hommes*, 1755 : un essai décisif dans la philosophie politique des Lumières.
- **Voltaire**, *Candide*, 1759 : le conte philosophique le plus célèbre, qui révèle tout le génie de Voltaire.

43

LES QUESTIONS SUR LE CORPUS

> La pratique écrite du français au lycée s'appuie généra-
lement sur un corpus de textes et de documents (y compris
des documents iconographiques, comme des photographies
ou des reproductions d'œuvres d'art), c'est-à-dire sur un ensemble d'éléments liés à un même objet d'étude.

1 L'observation du corpus

• L'objet d'étude qui est à l'origine du corpus est généralement précisé. Cependant, il n'est pas trop difficile de le
déterminer en observant simplement les textes et les documents qui le composent : des extraits de pièces de théâtre
laissent supposer qu'il s'agit de l'objet d'étude « la tragédie
et la comédie au XVIIe siècle : le classicisme » ; des extraits de
contes ou d'essais peuvent faire penser qu'il s'agit de l'objet
« l'argumentation aux XVIIe et XVIIIe siècles ».
• Une fois l'objet d'étude identifié, il faut préciser quels sont
les liens qui unissent les différents documents du corpus.
– Ont-ils un registre en commun ?
– Ont-ils été écrits à la même époque ?
– Appartiennent-ils tous à un même mouvement littéraire
et culturel ?
– Relèvent-ils tous du même genre ? de la même forme ?
– Exploitent-ils tous le même thème ?

2 Les types de questions

• Les questions portent généralement sur l'ensemble du
corpus, et vous demandent donc de comparer les différents
documents. Il peut arriver néanmoins que l'une d'elles porte
plus précisément sur l'un des documents, en particulier
lorsqu'il s'agit d'un document iconographique.
• Les types de questions sont naturellement très variables ;
on peut néanmoins identifier les principaux d'entre eux. Le
plus souvent, on demande en effet :
– d'identifier le thème du corpus et d'analyser comment
chaque document le met en œuvre (points communs et différences) ;
– lorsqu'il s'agit de textes argumentatifs, de préciser la thèse
défendue par chacun d'eux, d'étudier le circuit argumen-

tatif (→ fiche 38) ou la **stratégie argumentative** (→ fiche 39) sur laquelle ils se fondent ;
– de préciser le **genre** de chacun des documents ou son **registre** (→ fiche 8) ; il est alors nécessaire de justifier l'identification de façon précise ;
– de déterminer la **situation d'énonciation** de chaque texte et d'étudier les marques de présence du locuteur (→ fiche 2) ;
– de préciser dans quel **contexte historique et culturel** s'inscrit chacun des documents, en particulier pour identifier à quel **mouvement littéraire** (→ dépliant) il se rattache ;
– d'étudier certains **procédés d'écriture** caractéristiques de l'objet d'étude, d'un genre ou d'un registre ; il ne s'agit pas alors de faire un simple catalogue de figures de style, mais d'expliquer en quoi ces procédés sont effectivement caractéristiques du genre ou du registre ;
– dans le cas d'un **document iconographique**, de produire une analyse de l'image en étudiant les points communs et les différences entre l'image et les textes.

3 Rédiger la réponse

• La réponse ne cherche pas à être exhaustive : il y a généralement trop d'éléments dans chacun des textes pour qu'on puisse les citer tous. L'enjeu est donc de **sélectionner** les éléments de réponse les plus significatifs. Toutes les analyses doivent s'appuyer sur des **extraits précis** tirés des différents textes du corpus : ce sont ces relevés qui feront office de preuves, et justifieront la réponse.
• Pour construire celle-ci, il faut :
– commencer par une brève **introduction** d'une phrase ou deux, qui rappelle l'enjeu de la question et annonce l'idée générale de la réponse ;
– poursuivre par le **développement**, qui constitue l'essentiel de la réponse ; l'organisation de celui-ci est variable : soit on suit un plan analytique, qui opère texte par texte, soit on adopte un plan synthétique, qui s'attache à relever les points communs et les différences ;
– finir par une rapide **conclusion** qui, en une phrase, récapitule les principales étapes de la démonstration.

LE COMMENTAIRE LITTÉRAIRE

▶ **Le commentaire consiste dans l'analyse littéraire d'un texte inconnu, à partir des connaissances accumulées pendant l'année. Le but du commentaire est d'éclairer le sens du texte et son fonctionnement d'un point de vue littéraire.**

1 L'analyse linéaire du texte

• Il s'agit d'abord de lire le texte, plusieurs fois, très attentivement, sans chercher d'emblée à l'interpréter.

• Commence ensuite l'explication linéaire, au brouillon : il faut explorer le texte de façon progressive, phrase après phrase, et noter, sans rédiger, tout ce que l'on peut dire sur chaque mot, chaque expression, chaque image… C'est là que s'élabore l'explication, dans les détails du texte comme dans ses effets plus généraux. Il faut aussi repérer les rapports qui se tissent entre toutes les phrases (réseaux lexicaux, métaphores filées, répétitions, etc.), et sur lesquels se structure le texte. Enfin, il faut noter les figures de style repérées et les interpréter.

2 La construction du plan

• Une fois l'explication linéaire achevée, il faut commencer à construire le plan en élaborant la **synthèse thématique** : on regroupe les informations recueillies et on dresse une liste des principaux thèmes abordés dans l'explication, sur une feuille séparée ; on trouve ainsi une dizaine ou une quinzaine de points.

• Ces différents éléments s'organisent autour de la **problématique** : interpréter un texte, ce n'est pas seulement le décrire, c'est avant tout se demander pourquoi il est écrit de cette façon, et donc quels sont le sens et les fonctions des différents points que l'on vient de collecter.

• On peut alors **élaborer le plan** : ces points fournissent les sous-parties du plan. On regroupe les thèmes qui se croisent, dont les significations se rejoignent, pour trouver deux ou trois grands ensembles (les deux ou trois grandes parties du commentaire composé).

• Le plan doit éviter **deux dangers** : tout d'abord, il est impossible de faire un plan qui distingue le fond et la forme, car l'un ne va pas sans l'autre ; ensuite, le plan ne doit pas suivre l'ordre du texte : chaque partie du commentaire doit parler de tout le texte.

3 L'introduction et la conclusion

• La rédaction de l'**introduction** se fait elle aussi au brouillon, car c'est un exercice difficile. Elle est formée d'un seul paragraphe, mais comporte cinq moments :

– l'**amorce** aborde le thème que le texte réécrit, le courant dans lequel il s'inscrit, plus généralement une idée qui accroche le lecteur ;

– le **thème** précise le sujet explicite du texte à commenter, par exemple la rencontre amoureuse ;

– la **structure du texte** doit être donnée de façon claire, en fonction du thème précédemment dégagé ;

– la **problématique**, qui peut avoir la forme d'une question, dirige l'explication : c'est le problème que l'on va essayer de résoudre à propos du texte ;

– l'**annonce du plan** doit être très claire et explicite, mais elle n'entre pas dans les détails : elle n'indique que le titre des grandes parties.

• Pour ce qui est de la **conclusion**, elle doit répondre clairement à la question posée en introduction, et récapitule pour cela les différentes étapes de l'explication.

4 La rédaction sur la copie

• Le reste du commentaire doit être **rédigé directement** sur la copie, pour des questions de temps : il serait trop long de tout faire au brouillon. Il est nécessaire de citer régulièrement le texte, dès que l'on avance une idée qui doit être prouvée. Les citations sont intégrées aux phrases du commentaire, toujours entre guillemets.

• La **présentation** de la copie doit permettre au correcteur de s'y retrouver : on saute deux lignes entre l'introduction et le développement, une ligne entre chaque grande partie du développement, et à nouveau deux lignes entre le développement et la conclusion.

> La dissertation n'est pas aussi difficile qu'elle peut le paraître : une bonne maîtrise du cours, une certaine rigueur dans la réflexion et de la précision dans l'expression permettent de construire une réflexion personnelle et intéressante.

1 Dégager la problématique du sujet

• Il faut d'abord analyser le sujet : il se compose souvent de deux parties, une citation d'un auteur ou d'un critique littéraire, suivie de l'intitulé proprement dit. On peut ainsi être amené à développer, réfuter ou discuter le point de vue exprimé par la citation. Dans certains cas, le sujet se limite à une simple question, mais la démarche n'est pas différente.

• Il faut ensuite interpréter le sujet. Pour comprendre ce dernier, il faut le reformuler et repérer les mots les plus importants (les mots clés) : ce sont eux que la dissertation va discuter ou développer. Il faut donc dégager clairement et explicitement la thèse du sujet.

• On peut alors élaborer la problématique. Il s'agit de trouver ce qui pose problème dans la thèse du sujet, ce qui ne va pas de soi et qui mérite d'être discuté. Pour le déterminer, on peut aussi chercher quels sont les présupposés, les sous-entendus du sujet.

2 Construire le plan

• Une fois la problématique clairement formulée, il faut rechercher les idées qui permettront de traiter le sujet. Il faut étudier les mots clés que l'on a repérés, les replacer dans un contexte plus large ; on peut aussi apporter à la problématique des réponses autres que celle donnée par le sujet. Enfin, il faut penser à chercher un exemple pour chaque idée avancée et à utiliser les documents du corpus, qui sont directement reliés à la problématique.

• Il faut ensuite construire le plan. Un certain nombre de plans types peuvent être utilisés comme modèles, mais ils sont souvent artificiels et ne fonctionnent pas pour tous les sujets. On peut aussi décomposer la citation et la réflexion autour de trois axes importants, qui constitueront les trois parties.

3 Rédiger l'introduction et la conclusion

• La rédaction de l'introduction se fait au brouillon, car elle constitue un moment délicat de la dissertation. Elle est formée d'un seul paragraphe, mais comporte cinq moments.

– L'**amorce** peut ouvrir sur le contexte littéraire dans lequel s'insère le sujet, sur un aperçu très large de la problématique, sur un thème littéraire, etc. ; l'enjeu est d'accrocher le lecteur et de montrer, d'emblée, que le sujet est compris.

– La **citation du sujet** reprend intégralement la citation, d'une seule traite si elle est brève, en la morcelant en plusieurs phrases si elle est plus longue.

– La **reformulation** et l'**analyse** du sujet reprennent et mettent en valeur les mots clés ; cette phase est primordiale, car c'est elle qui montre au correcteur que le sujet est compris.

– La **problématique** est généralement donnée sous la forme d'une question.

– L'**annonce du plan** indique le titre des grandes parties, en une seule phrase, sans entrer dans les détails.

• Il reste alors à **rédiger la conclusion** : celle-ci répond à la question posée en introduction (la problématique), et récapitule pour cela les différentes étapes de la démonstration.

4 Écrire la dissertation sur la copie

• Le reste de la dissertation doit être **rédigé directement** sur la copie, pour des questions de temps : il serait trop long de tout faire au brouillon. Il faut proposer autant d'exemples précis que nécessaire, c'est-à-dire au moins un par idée et par paragraphe.

• La **présentation** de la copie doit permettre au correcteur de s'y retrouver : on saute deux lignes entre l'introduction et le développement, une ligne entre chaque grande partie du développement, et à nouveau deux lignes entre le développement et la conclusion.

▶ Il ne s'agit pas d'un simple exercice d'imagination : le terme d'invention doit être lu dans sa signification rhétorique, au sens de production d'un discours codifié. Il nécessite de réutiliser des formes, des genres et des registres dont on a étudié les caractéristiques pendant l'année. L'essentiel du travail, dans l'écriture d'invention, se fait au brouillon : pour que le résultat final soit convaincant, il faut, comme un écrivain, corriger plusieurs fois son texte avant de parvenir à une version satisfaisante.

1 Le travail préparatoire

A L'analyse du sujet

Le travail préparatoire de l'écriture d'invention consiste, essentiellement, dans l'analyse du sujet, à partir duquel on collecte les informations nécessaires à la production du texte.

• Il faut d'abord identifier le genre du texte à produire : il est généralement indiqué par le sujet, au moins implicitement.

• Il s'agit ensuite de déterminer la situation et le type d'énonciation : qui doit parler dans le texte produit, dans quel contexte et dans quelle situation ? S'il faut écrire une lettre, qui en est l'auteur ? et le destinataire ? S'il s'agit d'un discours, qui le prononce ? à quelle occasion ? devant quel public ?

• Il faut ensuite tenter de déterminer le registre : il est parfois explicité par le sujet, mais il faut le plus souvent le dégager des consignes, où il n'est qu'implicite.

• On doit parfois tenir compte d'un principe de structure ou de procédés dictés par le sujet : il s'agit alors d'écrire un texte qui contienne un nombre précis de paragraphes, un dialogue dont les interlocuteurs sont imposés, etc. Parfois, ce sont des contraintes de style (métaphore, comparaison, etc.) ou de langue qu'il faut respecter.

B La conception du texte

• Il faut ensuite réunir les éléments qui constitueront le contenu du texte et permettront de le développer. On peut recourir à ses connaissances (sur l'objet d'étude ou sur le thème abordé par le sujet), à ses idées personnelles, mais aussi aux idées présentes dans les textes du corpus.

• Enfin, il faut encore concevoir le **plan** du texte : celui-ci doit être clair et logique, non seulement dans le cadre d'un texte argumentatif, mais plus largement pour n'importe quel genre (un texte narratif suivra ainsi les étapes d'un schéma narratif cohérent).

2 L'écriture du texte

L'étape suivante est celle de la rédaction ; elle doit encore être faite au brouillon, car c'est un travail précis et délicat. Il s'agit d'utiliser une langue qui convienne au genre et à la situation d'énonciation, de définir le champ lexical correspondant au thème traité, et d'adapter le vocabulaire au registre imposé.

3 Les différentes formes de l'écriture d'invention

• Le sujet peut demander d'écrire des textes répondant aux règles de plusieurs genres, règles qu'il faut donc maîtriser. Il faut en particulier pouvoir écrire un texte original qui prenne la forme :

– d'un **article de presse** (reportage, critique journalistique, éditorial, pamphlet) ;

– d'une **lettre** (de la lettre privée à la lettre ouverte) ;

– d'un **discours** ;

– d'un **dialogue** ou d'un **monologue** ;

– d'une **description** ou d'un **portrait** ;

– d'un **texte narratif bref** (en particulier d'une nouvelle ou d'un conte)…

• Il peut aussi s'agir de transposer l'un des textes du corpus en changeant :

– son **contexte** (changer d'époque, de décor, de milieu, etc.) ;

– son **registre** (passer par exemple d'un registre comique à un registre pathétique) ;

– son **genre** (pour transformer par exemple un conte en article de fait divers) ;

– son **point de vue** (en passant par exemple d'une focalisation zéro à une focalisation interne).

IMPRIM'VERT®

Achevé d'imprimer en France par I.M.E. - 25110 Baume-les-Dames
Dépôt légal n° 95551-8/01 - mai 2012